利他式表达

文山青　编著

中国纺织出版社有限公司

内 容 提 要

日常生活中，我们每个人都免不了与人沟通，沟通效果如何，考验的就是我们情商的高低，然而，人们沟通时习惯了从自己的角度而非他人的角度说话，如此常常造成语言上误解、人际的疏远，甚至争吵，而学会利他式表达、学会贴合人心地说话，才能使沟通顺畅，受人欢迎。

本书从口才的角度，告诉我们利他式表达对于沟通的重要性，在本书中，你将会学到实用高效的沟通技能，提高你在职场、销售、亲密关系中的表达能力，进而帮你掌握能够打动人心的沟通诀窍，成就自己的精彩人生。

图书在版编目（CIP）数据

利他式表达 / 文山青编著. -- 北京：中国纺织出版社有限公司，2025. 8. -- ISBN 978-7-5229-3038-1

Ⅰ. C912.1-49

中国国家版本馆CIP数据核字第20258CB239号

责任编辑：刘桐妍　　责任校对：高　涵　　责任印制：储志伟

中国纺织出版社有限公司出版发行

地址：北京市朝阳区百子湾东里A407号楼　邮政编码：100124

销售电话：010—67004422　传真：010—87155801

http://www.c-textilep.com

中国纺织出版社天猫旗舰店

官方微博 http://weibo.com/2119887771

山东博雅彩印有限公司印刷　各地新华书店经销

2025年8月第1版第1次印刷

开本：710×1000　1/16　印张：10

字数：130千字　定价：69.80元

前　言

FOREWORD

生活中的你，在与人说话时，是不是经常有这样的感受：同样一件事，别人说出来就让人如沐春风，而自己一开口，要么冷场，要么得罪人；明明心里为对方好，话到嘴边却造成了误会，在别人眼里成了“说教”，其实问题可能出在表达方式上。事实上，真正的沟通高手不是能说会道，而是懂得把表达变成一座桥，既抵达对方内心，也让自己被接纳，这种能力，就是“利他式表达”。

所谓“利他式表达”，是指通过语言传递善意、支持，以提升对方心理舒适度或解决实际问题的沟通方式。这个词听起来有点抽象，但说白了就是：你说的话，到底是在满足自己，还是为了对方好？

很多人以为“会说话”就是口才好、反应快，其实恰恰相反。真正的高手反而会把舞台让给对方，自己只做那个“递话筒”的人。举个例子：朋友向你吐槽最近工作不顺，如果你马上说“我也很烦躁”，或者“你应该这么做”，对方大概率会沉默甚至反感。因为你的话透露出来的意思是“我也想得到宽慰”或者“我想教你做事”。但如果你问：“我知道你心情很差，能告诉我最近遇到什么事了吗？需要我帮忙分析吗？”对方立刻会觉得被重视，也更愿意和你深聊。

这就是利他式表达的核心——把对方的感受和需求放在第一位，而不是急着表现自己。

再比如，在婚恋情感里，利他式表达，不是“我不重要”，而是

“我也重要，但我愿意换一个你能听懂的方式来爱你，也保护我自己”。很多人在感情里感到委屈，是因为他们沟通时太情绪化了，一开口就带着伤、一说话就带着火。再多的感受，如果不能被好好表达，它就会变成误解、争吵，甚至疏远。

可见，学习利他式表达具有多重价值，既能提升个人沟通能力，也能优化人际关系，甚至在职场和社会互动中带来长远收益。

当然，有些人误以为利他式表达就是无底线讨好，比如明明不认可却硬夸：“你说得太对了！我完全支持你！”这种敷衍式回应短期能获得好感，但长期下来会让人觉得虚伪。真正的利他式表达不需要违心，而是在真诚的基础上，选择更照顾对方情绪的表达方式。

其实，你也能做到这一点，只要你细心翻阅《利他式表达》这本书。本书从口才的角度出发，从生活、社交、职场、婚恋情感等多种场景入手，帮助你学会更高效的沟通技能。当然，要提高表达能力，并不是一朝一夕就能做到的，需要你进行长时间的认真练习，按照本书中提供的方法进行训练，相信日后你会成为一个对语言沟通驾轻就熟的高情商者。

编著者

目　录

CONTENTS

第 05 章

第07章

探秘幸福，利他式语言让平凡生活更有趣 /099

第08章

恋爱必学，利他式表达让爱情更甜蜜 /111

第01章
CHAPTER 1
什么是
利他式表达

现实生活中，人们常说：“一句话能把人说跳，一句话能把人说笑。”有时，同样一句话，我们换一种表达，呈现出来的是完全不同的效果，而要将话说得人“笑”，就需要我们学习一种有效的表达方式——利他式表达。所谓利他式表达，是指通过语言和行为传递善意、支持，以提升对方心理舒适度或解决实际问题的沟通方式。这种表达方式的核心在于把对方的感受和需求放在第一位，而不是为了满足自己的需求或表现自己。学会运用利他式语言，可以让我们的人际关系更加健康、积极，让生活充满阳光和活力。

你相信语言可以决定成败吗

我们都知道，说话是人类最有效的沟通方式，“一言可以兴邦，一言可以废邦”，会说话真的太重要了。口才训练大师戴尔·卡耐基说过：“一个人的成功，约有15%取决于专业知识，85%取决于沟通能力——发表自己意见的能力和激发他人热忱的能力。”善于说话的人在这个世界上能够御风而行、万事顺意，不会说话的则如船搁浅滩、步步难行。

因此，我们可以长得不漂亮、不帅气，但一定要说得漂亮，巧妙的沟通、恰当的表达，都能让你在生活和工作中顺心顺意。

那么，什么样的表达才是受人欢迎的呢？

答案是利他式表达。

很多人以为“会说话”就是口才好、反应快，其实恰恰相反。真正的高手反而会把舞台让给对方，自己只做那个“递话筒”的人。

举个例子：

周末，你和朋友坐在起喝茶，朋友向你吐槽工作不顺、压力大，如果你立刻说“我比你更累”，或者“其实你应该这么做”，对方大概率会沉默甚至反感。因为你的话里只有“我想证明自己”或者“我想教你做事”。但如果你问：“最近遇到什么事了？能告诉我吗，也许我能给你分析分析呢。”对方立刻会觉得被重视，也更愿意和你深聊。

再举个例子：

忙了一上午，大家准备午休，此时，你拿出老家寄来的柑橘分给大家，如果你说："老家寄来的，不吃就坏了，别客气啊。"这样一说，大家会觉得你是因为吃不完才愿意分享，并不会感激你。而如果你说："老家寄来的，大家也尝尝，补充点维生素。"简单的一句话，大家享用起来也没心理负担。

这就是利他式表达的核心——把对方的感受和需求放在第一位，而不是急着表现自己。

所谓利他式语言是指能够有效地传递正能量，让人感到被尊重、被认可、被支持的话。它具有以下几个特点：

含义：利他式语言是一种积极、正面的表达方式，旨在提升他人的情感体验和自尊心。

形式：利他式语言的形式多样，包括但不限于赞美、鼓励、感谢、接纳、尊重和理解等。这些形式在日常生活中被广泛运用，能够产生积极的影响。

改善人际关系：通过传递正能量和积极的情感体验，利他式语言有助于建立更加和谐、融洽的人际关系。

提高自信：受到利他式语言的影响，个体往往会感到更加自信和有价值，从而更加积极地面对生活和工作。

建立积极环境：在工作环境中，利他式语言有助于营造健康、积极的工作氛围，提高团队凝聚力和士气。

因此，利他式语言有以下几个运用技巧：

真诚性：利他式语言需要发自内心，真诚而有意义，才能产生积极的效果。

表达方式：要注重语气和措辞，用积极的语气和肯定的语言传递正能量，避免产生误解或伤害。

因人而异：根据不同的人和场合，灵活运用不同的利他式语言，以达到最佳效果。

总之，学会运用利他式语言，可以让我们的人际关系更加健康、积极，让生活更加充满阳光和活力。那么，我们该如何学会利他式表达呢?

1. 要有利他思维

要有利他式表达，首先应该具备利他思维，也就是要换位思考、站在他人的角度思考问题，的确，人在与人沟通时，很容易以自我为中心，会更容易从自己的视角表达，而忽略了他人的想法。因此，要培养利他式思维，根源就要培养自己换位思考的能力，关注别人在意什么，全局思考问题。

2. 少说自己的事情

人们在说话时，往往习惯说自己在意的事情、自己身上发生的事情。然而，“说自己”这件事往往没有过多的好处，因为他人对你的事并没有太多的兴趣，所以，在聊天的时候，可以习惯性地把话递给对方，引导对方说他感兴趣的事情，当话被递过来的时候，可以简单说两句，再递给对方，避免自己侃侃而谈。

3. 培养利他式表达的习惯

少说自己的事情只是学会表达的第一步，而培养利他式表达的习惯是应该长期坚持的事情。同一句话，换一种表达方式，效果可能会有很大的差别。

如何做到语言上利他，行为上利己

有人问，纷繁复杂的世界中，如何说话才能既赢得他人尊重，又能实现自我价值？一条绝妙的原则是：语言上利他，行为上利己。这并非要我们两面三刀，而是一种智慧与策略的完美结合。这并不是要我们一味地讨好他人，也不是精致利己，而是在语言上滋养他人，在行动上守护自己。这种平衡的智慧，是成年人最稀缺的处世哲学。

首先，语言上利他。所谓“语言上利他”，意思是与他人交流时，要善意铺路，以共情搭桥，多站在对方的角度思考问题，用对方能听懂、愿意接受的方式表达，这样说话往往能事半功倍。这种利他的语言，不是谄媚，不是奉承，而是真诚地理解对方的需求与感受，以理性、克制的态度进行沟通。

不卑不亢，既不过分贬低自己，也不傲慢地无视他人，而是有理有据，逻辑清晰。这样的人，在言谈间自然流露出一种难以言喻的气场，让人愿意倾听，愿意信服。

以职场为例，作为领导，在布置任务时，不要说：“这件事就交给你了，周五前完成。”而要说：“这件事很有挑战性，过程中有任何问题随时找我，我们一起解决。”这样说不但激励了下属，还表达了支持。

而在团队遇到困难时，不要说：“这么点小事都做不好，你们真令我失望。”而要说：“这个客户本来就是难啃的骨头，前面的任务你们已经完成得很好了，不要气馁，一定能成功拿下订单的。”这样说，不仅赢得了团队的尊重与信任，也促进了团队的凝聚力与战斗力。

要做到语言上利他，我们可以这样做：

第一，多说“我们”，少说“我”：“这个方案我们可以优化”比“我的想法更好”更易被接纳。

第二，把否定换成建议：不说“你这样不对”，而是“如果换个角度试试，效果可能更好”。

第三，用赞美替代评判：“你今天穿得很有气质”比“你以前穿得太土”更让人如沐春风。语言是人际关系的货币，利他的表达方式，能让关系账户持续增值。

其次，行为上利己。强者明白，只有在自身利益得到保障的情况下，才能更好地帮助他人。“行为上利己”并不意味着自私，而是强调在行动上为自己的目标和利益而努力。这种思维方式要求个体在追求自身利益的同时，保持对他人和社会的责任感。这就要求我们在说话的时候，守底线如城墙，护原则如铠甲。王阳明说：“知行合一。”高情商的人懂得：善意要有底线，付出要有边界。以下是“行为上利己”的几点说话原则：

第一，拒绝时不含愧疚：“抱歉，这次帮不了你”比“我实在没时间”更坚定有力。

第二，不把善良当义务：帮同事带咖啡可以，但天天带就成了不必要的义务。

第三，止损时干脆利落：发现被利用，及时抽身比自我感动更重要。没有底线的利他，终会沦为他人手中的提线木偶；不带锋芒的善良，终将变成刺向自己的刀。

那么，如何平衡语言上利他，行为上利己呢？

孔子曰：“中庸之为德也，其至矣乎。”在利他与利己间找到平衡点十分重要：

1. 先利他铺路，再利己筑堤

比如，合作时主动让利三分，但合同条款必须清晰。

2. 看破不说破，但心里有秤

比如，知道同事抢功却不揭穿，但下次合作必留书面证据。

3. 嘴上留余地，手上留后招

比如，安慰失意的朋友可以说“我理解你”，但绝不借钱填无底洞。真正的智慧，是看透人性的复杂后，依然选择用利他的方式说话，用利己的方式保护自己。

孔子曰：“知（智）者不惑，勇者不惧。”顶级的情商，是嘴上种玫瑰，手上握荆棘；心中怀明月，脚下立山河。愿你我都能修炼至这般境界——言语如春风化雨，滋养人心；行动如松柏傲立，守护本真。在这纷繁世间，既渡他人，亦渡自己。

利他式表达并不是一味地讨好他人

我们都知道，任何人，首先呈现给他人的就是言语，其次才是行为。会利他式表达的人往往很容易取得他人的信任，容易更快获得成功。然而，一些人感到疑惑，为什么自己在运用了利他式表达的方法后，会感到不适，这可能是因为你误将“利他”当成了“讨好”。

利他式表达的核心在于顾及他人的感受、站在对方的角度思考和说话，而不是取悦或讨好他人。那么，利他式表达与讨好性表达有哪些不同呢？

1. 动机不同

如何区分“利他”与“讨好”？观察动机！在心理学中，利他行为是指无私地为他人福利着想而不考虑自己利益的行为，这种行为有助于提升自我价值。而讨好行为则不同，它以获取回报为目的，当无法获得回报时，可能会引发愤怒。利他行为的动机是帮助他人，而讨好行为的动机则是获取回报。健康的利他行为能够提升我们的幸福感，而讨好行为则可能损害心理健康。

利他式表达也是如此，更多是一种自我表达，其幸福感来源于他人的愉悦情绪，而讨好性表达则是为了得到他人的认可。

例如，你的恋爱对象喜欢吃辣，你喜欢吃清淡，你和对方一起吃饭，对方问你能不能吃辣，你说自己也很喜欢吃辣，其实你很难受，这就是讨好性表达。

再如，你想吃火锅，对方想吃烤肉，你说那吃烤肉吧。如果你内心觉得没关系，吃烤肉也行，你也喜欢吃，这是一种利他；但如果你内心很不舒服，却让渡需求违心地跟着对方去吃烤肉，就是一种讨好。

你在说对方爱听的话时，是违心的，这就是讨好。

2. 方向不同

讨好性表达只关注他人的需求，希望通过自己的表达获得对方的认可或好感，而利他式表达则是双向的，不仅关注他人的需求，还会在表达的过程中让我们获得内心的满足感。

3. 主动性不同

讨好性表达是被动和被迫的，往往是出于外界的压力或不安。利他式表达是主动的，出于内心的善良和对他人的关心。

利他式表达能够更好地关注对方的需求和感受，让对方感受到尊重和关心。无论是在职场、社交场合还是日常生活中，运用利他式表达可以增强与他人的沟通和互动效果，建立更和谐的人际关系。

例如，在职场中，通过承担责任并保证弥补损失，同时表达感激之情，可以让对方感受到专业和诚信。在日常生活中，通过提及对方喜欢的事情并表达感激之情，可以让对方感受到尊重和关注。

总之，我们需要明白，利他式表达不是无底线讨好。真正的利他式表达不需要违心，而是在真诚的基础上，选择更照顾对方 情绪的表达方式。比如同事的方案有漏洞，与其说“这方案不行”，不如说：“你的思路很有创意，如果加上数据支撑会更完善。”

会说话的人，都在用“利他式表达”

你是不是经常觉得，同样一件事，有的人说出来就让人如沐春风，而自己一开口就容易冷场？明明心里为对方好，话到嘴边却总被误会成“说教”或“显摆”？其实问题可能出在表达方式上。

其实，只要我们稍微观察下就会发现，身边那些“会来事”的人，他们在说话时都有一个共性：永远在思考对方需要什么，比如部门协作时，他们会主动说：“我这边的数据今天下班前会整理好，需要补充什么随时喊我。”当遭遇客户投诉时会第一时间给出回应：“给您带来不好的体验真的很抱歉！我马上协调加急处理，两小时内给您解决方案。”

的确，那些会沟通的人，都善于运用利他式表达。这个词听起来有点抽象，但说白了就是：你说的话，到底是在满足自己，还是为了对方好。

那么，为什么“利他式表达”能让你更受欢迎?

现代社会，“会表达”是一种隐形竞争力，是否有利他思维，决定了你的沟通能力如何，实际上，不管是职场、社交场合、生意场合，还是亲子相处，学习一些利他式话术，都能让你在沟通时事半功倍。

比如，在某公司竞标会上，身为销售新人的小周和资深主管老王的表现形成鲜明对比。客户提出方案成本过高，小周急于解释：“这是因为材料进价高啊，我们真的没办法再缩减成本了。”这话一出，客户马上皱紧眉头。而老王却笑着说：“您对成本的把控太专业了！其实这个方案我们做了两版，另一版在保持基础功能的前提下，能缩 20% 的预算，不过需要延迟一个月交付，您看更注重成本还是效率？”这番话让客户马上来了兴趣，果然将项目交给了老王。同样的问题，一个只想着说服对方，一个却在帮对方解决问题，结果自然就天差地别。

再比如，同事想找你加班，你实在不想去，直接拒绝肯定得罪人，此时，你可以这样说：“今天我爱人出差了，我确实要去接孩子，不过我整理了项目进度表和注意事项给你，遇到卡点随时找我！”既表明难处，又提供了实际帮助。

再比如，领导布置了任务，此时你别只会说“好的”，可以回应：“明白！我今天先做个计划书，重点排查存在的风险问题，明天中午前跟您汇报，您看这样行吗？”既展现执行力，又减轻领导的担忧。

还有，电梯遇到领导，不要只说“领导好”，试试：“您上次分享的谈判经验，近来我用在了 ×× 项目上，效果特别好，等您有空，还想向您请教些细节。”既表达感谢，又给对方提供展现权威的机会。

销售场景中，利他式表达更是成交关键。客户犹豫是否办健身卡，普通话术说："办卡很划算，现在有折扣。"高手却说："您每周来三次，三个月后腰围至少能减 5 厘米，到时候穿新衣服肯定特别好看！"前者推销产品，后者描述蓝图。

生活里的利他式表达同样重要。朋友抱怨工作压力大，你别说："谁不是负重前行呢？"也别急着给建议："要不要换个工作？"你先共情："每天忙成这样太不容易了！要是觉得累，周末我陪你去吃那家新开的火锅放松下？"

有人说，会说话从来不是天生的能力，而是一种选择。要轻松掌握利他式表达，开口前先问自己"这话对他人有用吗？"用提问代替结论，把"我"换成"你"。真正的沟通高手懂得将舞台让给对方，在真诚中注入温度——所谓高情商，不过是把别人放在心上而已。

普通人如何快速掌握"利他式表达"

现代社会，人与人之间的交往空前频繁。无论是向领导汇报工作，还是与同事交流经验，或者是与客户讨价还价，我们都要通过"说"来让对方接纳我们。而要想成功达成我们的沟通目的，首先得站在对方的角度思考、站在对方的角度说话，这就是利他式表达。掌握一套高级的利他式话术，就能打动人心，让别人对你刮目相看，深得别人喜欢！

先看职场中，比如，请求同事协助时，一般的说法是："小王，帮我做个报表，我明天要用，谢谢。"而高手会说："小王，我手头这个报表需要用到你上次分享的数据分析模型，全办公室你最擅长这个部分，完成后我会整合好汇报材料，到时候会专门标注你完成的这部分，领导也会看到你的专业能力。”这样表达既认可了对方的优势，又展现了对方能获得的好处，对方怎么会拒绝呢？

再比如，你和同事在某一方案上的意见不一，普通人会直接反驳：“你这个方案根本不可行。”但高手会运用利他思维的表达：“李姐，您这个方案思维很新颖，我都没有想到，要不说您是前辈呢，我在结尾处还有个小建议，我们是不是可以补充个应急方案呢，这样既能保证活动效果，也能降低不必要的风险，您觉得呢？”先认可对方，再提供建设性想法，更容易被接受。

领导布置新任务，即使你很忙，也别说“我没时间”，而可以说：“目前手上的项目正处关键期，需要倾注很多精力，不过我可以调整下，将您说的 ×× 任务进行拆解，每天完成一部分，确保不耽误整体进度。”

还有更多实用场景，如向上司争取资源时，一般的表达是：“我现在预算不够。”而利他式表达是：“陈总，追加 10% 预算能让项目范围延伸至周围十个市，潜在客户也会增多一倍，从长远看能为部门业绩加分不少。”

和客户沟通时，不要说你的产品多好，而要说：“王总，这款 ×× 特别适合贵公司现在降本增效的需求，预估每年能节省 50 万运营成本。”

甚至日常沟通中也藏着利他话术。同事抱怨工作多，别只说“加油”，试试说：“我手头的紧急任务处理完了，下午我可以帮你改一下方案，我们争取一起早点下班。”

这些话术的核心，都是把关注点从“我想要什么”转向“对方能得到什么”。当你学会用利他思维沟通，不仅能快速解决问题，还能在无形中积累好人缘。

可能，有人会觉得说个话都这么累，为什么要事事考虑他人的感觉？但是，利他式表达不意味着讨好别人，而是把自己和别人放在平等位置，平等对话。只有太注重自我的人才会说话不考虑他人的感受。也有人说，当实力特别强大了，就不需要顾虑这些小节了。的确，当业务能力强到别人无法比得上，可能就不需要考虑过多的人际关系。可是，大部分人都是普通人，都是需要与人交往的，与人交往的时候就要考虑他人的感受。或者说，利他式表达可能会让你更轻松、更快获得更大的影响力，你还会拒绝利他式表达吗？

那么，作为普通人，如何快速掌握利他式表达呢？

1. 开口前先问自己：“这话对他人有用吗？”

同事穿了件新衣服，你说“这衣服显胖”是事实，但对方听了只会难受；换成“这件衣服颜色很适合你”，既真诚又让人舒服。

记住：真话不全说，假话绝不说。把“挑毛病”变成“给建议”，把“评价结果”换成“提供价值”，对方才会觉得你在为他考虑。

2. 用“问题”代替“结论”

比如你想提醒家人少熬夜，直接说“你天天这样熬夜会猝死”只会引发争吵。但如果问：“最近是不是睡不好？要不要试试睡前喝杯牛奶？”既表达了关心，又给了对方选择空间。

提问能让对方感受到尊重，而不是被命令，这才是有效沟通的关键。

3. 把“我”换成“你”

“我觉得你应该……”听起来像居高临下的指挥；而“你觉得这样做会不会更好？”则变成平等的建议。

多说“你需要什么?”“你怎么看?”少说“我认为”“你必须”。当对方成为对话的主角，沟通自然会顺畅起来。

掌握利他式回答技巧，更好地促进沟通与理解

生活中的你，是否经常面对这样的困惑：当他人称赞你时，不知道如何表达感谢；当别人对你的发言提出疑问时，你却无言以对。这些问题，其实都指向了一个共同点——情商不足。不过，学会利他式表达，这些难题都会迎刃而解。

利他式表达的核心在于以对方为中心，要求我们站在他人的角度思考问题和说话，以传达说话者友善的态度，达到拉近与他人距离的目的。这种交流方式不仅让人感觉更加亲切舒适，还能让对方深刻感受到你的尊重与理解，从而促进共鸣与信任的建立。

同时，这种交流方式也为你提供了一个了解他人、自我提升的机会。通过观察他人的反应，你可以发现自己的不足并加以改进，进而塑造一个更加优秀的自己。

以下是一些运用利他思维语言模型的实例：

当有人称赞你气质好时，与其干巴巴地说“谢谢”，不如这样回应：“与你的眼光相比，这点气质实在不足挂齿。”这样既展现了自信，表达了对对方的感谢，又抬高了对方，让人感觉温暖而舒适。

当有人称赞你的颜值时，与其说：“你也不错呢。”不如机智地调侃：“我就喜欢你这么一本正经地说大实话。”这样的回答既幽默又机智，既表达了自信，又巧妙地表达了内心的喜悦，更巧妙地调侃了对方，让人

感到轻松愉快。

当别人说你酒量真好时，你可以幽默地回应："我这酒量得看跟谁喝。跟你嘛，心情好，状态自然就不一样了。"这样回话，不仅展现了自信，更传达了自己的友好态度，不知不觉间也让对方愿意靠近你。

当有人表示很喜欢你时，不要直截了当地表达更感谢，你可以回答："你的眼光真好，我也很喜欢我自己，但我更喜欢你。"这样回话，不仅虚心接纳了对方的赞美，更认可了对方的眼光，令人感到真诚与温暖。

当有人问你多大年纪时，你不要上来就说："我今年 ×× 岁了。"你可以这样回答："大家都说我看上去像 ×× 岁，实际上大概和你相差无几。"这样的回应既展现了自己的自信，又体现了友好态度，让人感觉更加亲近、自然。

当有人调侃你的身高时，你可以自嘲地回应："没办法，都是被颜值给压的。"这样自嘲不仅巧妙地化解了尴尬，更展现了你的高情商，让人觉得你很有趣。

当有人谈起曾经的故事或经历时，你不要傻傻地说："真有趣！"你可以这样积极回应："哇，这个经历太棒了！我也很希望有机会去尝试一下。你的故事给了我很多启发。"这样的回应展现了你的倾听与理解能力，同时也表达了对对方的认可与感谢。

当有人问你对某件事的意见时，你不要直接说："我认为这件事……"你不妨这样回答："我很乐意向你分享自己的经历和见解，期待我们一起学习、共同进步。"这种话术不仅展示出你的友好与开放，还表达了对对方的尊重与感谢，让人觉得你是一个值得深交的伙伴。

若有人调侃你晒黑了，你可以轻松地回答："黑点无妨，健康阳光才是美。”这样的回应巧妙地表达出你对健康的自信与乐观，同时展现积极向上的态度。

当面临他人的批评或建议时，你可以这样回应：“感谢你的指点与建议，我深知自己尚需进步。我一直在努力学习，希望我们能携手共进。”这种话术彰显出你的谦虚与开放心态，同时表达了对对方的尊重与感谢。

掌握利他思维语言模型并非一蹴而就，但只要我们持续努力、不断实践，便能逐渐运用自如。

以下是我们需要掌握的一些利他式回答技巧。

1. 愿意助人

我们可以说：“我能为你做些什么？”这个问题不仅显示了助人为乐的态度，还能引导对方详细说明需求，促进深入沟通。

2. 激发思考

我们可以说：“这个观点很有意思，能跟我分享一下你的想法吗？”通过这样的回应，你不仅展示了耐心倾听，还能进一步激发对方的思考和表达欲。

3. 奠定合作基础

我们可以说：“你的建议非常有价值，我会认真考虑的。”当对方提出建议或意见时，这样的回答不仅表达了感谢与尊重，还能为以后的讨论与合作奠定良好基础。

利他式话术不仅能让你的沟通更顺畅，还能帮你赢得他人的信任和尊重。记住，沟通的艺术在于用心听、用心说、用心感受。

第02章

CHAPTER 2

社交应酬，利他式表达让你更受欢迎

人是群居动物，我们每个人都要与他人打交道，然而，语言是社交的工具，社交中，同样一句话，不同的说法，会带给他人不同的感受，想要在社交场合如鱼得水，我们需要掌握利他式表达。所谓利他主义，简单来说，就是多站在他人角度，用温暖的话语关爱他人。我们只有深入人心地说话，才能轻松驾驭人际关系，解决各种社交问题，从而更好地与人交流和相处，构建融洽的关系。

1. 赞美他人的穿着

普通话术　“你今天这件衣服真好看。”

利他话术　“每次你挑选衣物，我都眼前一亮，你总能找到宝藏单品。”

解　　析　这样表达，不仅赞美了对方的衣着，更凸显了对方的品位。

2. 赞美他人的能力

普通话术　“你真是能力突出。”

利他话术　“这个方法太实用了，我也要学习一下。”

解　　析　这样表达，不但赞扬了他人的能力，还让赞美显得轻松自在。

3. 当你受人恩惠后

普通话术　“谢谢啊，我请你吃饭。”

利他话术　“这周末我们去吃自助烤肉吧，听说都是最新鲜的食材，你肯定喜欢。”

解　　析　这样表达，不仅表达了对对方的感谢，还制造了感谢对方的机会，让对方觉得你是个知恩图报的人。

4. 如何不伤感情地巧下逐客令

普通话术 “时间不早了，你明天还要上班，我们改天再聊。”

利他话术 “你们提的这个问题很值得研究，明天我去上海参加一个学术会议，准备就这个问题找几位专家一块聊聊。”

解　　析 这样说，不但认可对方提出的问题，还暗示了对方该离开了，既不伤感情，又达到了自己的目的，可谓一举两得。

5. 当你不确定在你家做客的朋友是否会留下来吃饭时

普通话术 “一会儿你要留下来吃饭吗？如果吃饭的话我要准备你的那部分。”

利他话术 “今天想吃什么？是中餐还是西餐？”

解　　析 运用二选一的提问法，不但能获得自己想要的答案，还能展现自己主动邀约的诚意。

6. 如何邀约他人

普通话术 “看你何时方便，我们找个时间见个面吧，随意安排。”

利他话术 “找个咱俩都空闲的时间碰个头，这样不会耽误彼此的工作或生活。”

解　　析 这样邀约，保证了对方的利益，对方很难拒绝。

7. 当别人邀约，因为太远你不想赴约时

普通话术 “这么远，怎么不选个近点的地方？”

利他话术 “谢谢您的邀请，不过今天轮到我接孩子，要不明晚吧，

我做东。”

解　　析　这样表达，既感谢了朋友的邀请，又表达了自己的难处，更给出了弥补措施，能让朋友感受到你的诚意。

8. 在咖啡馆偶遇朋友

普通话术　“好久不见，最近怎么样？”

利他话术　“哎呀，好久不见，你最近是不是又偷偷变美啦？”

解　　析　这么一句简单的话就夸了朋友，让她心情愉悦，是不是超级实用？

9. 请朋友喝奶茶

普通话术　“丽丽，请你喝奶茶，买一送一很划算。

利他话术　“丽丽，我记得你喜欢喝奶茶，你来试试这个，感谢你上次帮我整理资料。”

解　　析　通过提及对方喜欢的事情，并表达感激之情，让对方感受到我们的尊重和关注。

10. 闺蜜逛街时看中了一件衣服，犹豫不决

普通话术　“这件衣服很适合你呢，喜欢就买吧。”

利他话术　“这件衣服真的太适合你了，穿上它你就是最靓的仔！而且价格也很合适，我觉得你可以考虑一下哦！”

解　　析　这样既表达了你的观点，又站在她的角度为她着想，她一定会觉得你很贴心。

11. 办公室里的尴尬时刻——你的文件被同事不小心弄乱

普通话术 “没事儿，您忙，我自己收拾。”

利他话术 “哎呀，看来我的文件也喜欢和你玩捉迷藏呢！没关系，我们一起把它们找回来吧！”

解　　析 这样不仅化解了尴尬，还让对方觉得你是个善解人意的伙伴。

12. 朋友看到路边一辆车，问是什么车，而你并不懂车时

普通话术 “这车我知道啊，德国车嘛，挺好看的。”

利他话术 “不知道，我对车没什么研究，这车有什么特别的吗？”

解　　析 这样接话，不但将话语权传递给了对方，满足了对方的表达欲，还展现了自己谦虚的态度，很容易拉近彼此距离。

13. 当你对他人的话题并不感兴趣时

普通话术 “是，您是挺不容易的。”（一味地附和。）

利他话术 “您创业的这些经历对我来说真是宝贵的知识，感谢您的分享，下次有机会再听您教导。”

解　　析 这样说，既认可了对方的经验，又暗示了对方自己今天还有事，可谓在不得罪人的情况下结束了话题。

14. 当朋友对某件事缺乏信心时

普通话术 “我相信你，你一直是最棒的。”

利他话术 “你之前处理过类似问题，这次肯定也能搞定。”

解　　析　这样说，虽然没有提供解决方案，但是给予了对方鼓励，会让对方感到你是个贴心且积极向上的人。

15. 朋友有事求助你时

普通话术　“这件事有难度，我只能试试看。”

利他话术　“我刚好有这方面的经验，随时可以帮你。”

解　　析　这样说，既表达了自己乐于协助对方，也减轻了对方的心理压力。

16. 如何拒绝请求

普通话术　“抱歉，我也没时间。”

利他话术　“我手头有个紧急的事，结束后一定帮你。”

解　　析　运用拖延法拒绝他人，既表达了自己的态度，又不至于得罪他人。

17. 当他人遭遇尴尬时

普通话术　“你刚才真是太搞笑了。”

利他话术　“这事儿谁都会遇到，别担心。”

解　　析　这样表达，不但能轻松缓解对方的尴尬情绪，还展现了你的贴心。

18. 当朋友伤心时

普通话术　“别难过了……”

利他话术　“我能感受到你现在很难过，如果想倾诉，我随时都在，要是需要一起想办法，我也愿意陪着你。”

解　　析　这样说，不但共情了对方，拉近了距离，还主动给予了解决问题的支持。

19. 当朋友哭泣时

普通话术　“别哭了。”

利他话术　“想哭就哭出来吧，不要憋着，等你心情平复点，我们可以一起想想办法，看看怎么处理，我会一直陪着你。”

解　　析　这样说，不但接纳了对方的负面情绪，更提供了安全感，还明确了后续行动，很难不让对方感动。

20. 当朋友遭遇挫折时

普通话术　“别灰心，大不了重来一次。”

利他话术　“这次只是遇到了点小挫折，之前你已经战胜过很多困难，这次一定也可以，如果你想寻找新思路，我随时都在。”

解　　析　这样说，不但能强化对方过往成功经验，还能激发对方的信心，也表达了愿意提供实际帮助的态度。

21. 当朋友为一件事纠结时

普通话术　“有什么好纠结的。”

利他话术　“在这种情况下，谁都会纠结，如果需要，我们可以一起分析利弊。”

解　　析　这样表达，承认了对方纠结的合理性，还给予了对方决策支持，让对方获得了勇敢决策的底气。

22. 当朋友生气时

普通话术　“别生气了，生气就是拿别人的错误惩罚自己。”

利他话术　“气坏了身体可不值得，如果你愿意，可以告诉我到底发生了什么事，也许说出来情绪能缓和点。”

解　　析　从关心对方身体健康的角度入手，能引导对方倾诉内心的坏情绪，从而缓解对方的坏情绪。

23. 当朋友沮丧时

普通话术　“别沮丧了。”

利他话术　“谁也不可能永远斗志昂扬，偶尔沮丧很正常，可能现在你需要调整自我，我知道一些不错的方法，可以提供给你。”

解　　析　这样说，不但接纳了对方的负面情绪，更提供了实用的方法，让对方能感受到你的贴心。

24. 当朋友深陷自责中时

普通话术　“别自责了，又不是你的错。”

利他话术　“事情的发展谁也预料不到，别把责任都往自己身上揽，要是你需要复盘，看自己哪里需要改进，我可以协助你。”

解　　析　这样说，不但宽慰了对方，还引导对方总结改进，更表明了自己的协助态度。

25. 当朋友怯懦时

普通话术 “别怕，勇敢点。”

利他话术 “对于未来，我们难免会感到害怕，如果你愿意，我们可以一起将那些害怕的点列出来，再想办法逐一克服它们。”

解　　析 这样说，不但对对方的害怕情绪表达了理解，给对方提供了应对思路，对方在获得勇气的同时，也会感激你。

26. 当朋友焦虑时

普通话术 “有什么可担心的。”

利他话术 “我懂你内心的焦虑，因为这件事确实很复杂，我们可以将可能发生的危险列举出来，然后一项项解决。”

解　　析 这样安慰对方，表达了自己的理解，也提供了解决办法，为对方分担了压力。

27. 当朋友说自己很烦恼时

普通话术 “别烦了。”

利他话术 “这些事确实很让人心烦，如果你需要，我们可以一起想办法，看能不能将它们一一解决掉。”

解　　析 这样说，不仅共情了对方，还引发了其思考，缓解了其坏情绪。

28. 当你想了解朋友的动态时

普通话术 “在干吗呢。”

利他话术　“我想你了。”

解　　析　换个说法，不但获取了你想知道的信息，还拉近了和朋友之间的距离。

29. 当朋友咨询你某件事时

普通话术　“我不知道。”

利他话术　“我马上去了解下。”

解　　析　这样回答，会让朋友看到你对他的重视，也展现了你的行动力。

30. 当你遇到一件烦心事想发泄时

普通话术　“烦死了。”

利他话术　“看来我需要冷静下。”

解　　析　这样说，不仅是对自己的积极暗示，更是避免了将坏情绪传染给他人。

31. 当你表达对朋友能力的认可时

普通话术　“你好厉害啊。”

利他话术　“原来高手一直在我身边啊。”

解　　析　这样无意间称赞对方，显得轻松随意，对方也乐意接受。

32. 当你觉得朋友愚钝时

普通话术　“你真笨。”

利他话术　“你这人就是太实在了。”

解　　析　这样说，将贬低变成了认可，朋友也能认识到自己的问题。

33. 当朋友聊到一件你没听过的事物时

普通话术　“我真没听过。”

利他话术　“听起来很有趣呢。”

解　　析　换个说法，不但表达了对对方话题的兴趣，更增长了自己的见识。

34. 当你想询问对方是否清楚了你的想法时

普通话术　“你听明白了吗？”

利他话术　“我说明白了吗？”

解　　析　这样说不会评判对方的理解能力，显得轻松随意，对方也乐意接受。

35. 送同事礼物表达感谢

普通话术　“小刘，这是我妈妈从老家寄来的茶叶，别嫌弃哟。”

利他话术　“小刘，上次方案多亏你帮我改了，这茶叶是我妈从老家寄来的，听说你最喜欢喝白茶，上班累了泡一杯提提神，算是我的感恩‘投喂’。”

解　　析　这样说，既淡化了功利感，又拉近了和同事之间的距离，对于合作共事有很好的推动作用。

36. 向朋友表达感谢

普通话术　“谢谢啊。”

利他话术　“多亏了你，这件事才得以圆满解决。”

解　　析　这样表达感激之情，更显轻松随意，对方也乐意接受。

37. 向他人分享资源

普通话术　“你看下我发给你的资料。”

利他话术　“这个资料对您肯定有用，我发给您。”

解　　析　同样是希望对方看资料，换一种说法，对方更乐意，因为这能让对方看到自己获得的利益。

38. 当朋友失恋后

普通话术　“失恋很正常的，别难过了，再找一个就是了。”

利他话术　“你真的对这段感情很投入，失恋了当然难受，我很理解你现在的感受，我会一直在这陪着你。”

解　　析　这样表达，不但认可了对方的情绪，让对方有个情绪出口，还表达了自己的支持和陪伴。

39. 向朋友表达关心

普通话术　“你最近怎么不说话了。”

利他话术　“这段时间你沉默了不少，我有点担心你。”

解　　析　这样表达，传达了你的关注，让对方感到被在意，内心升腾起一股暖意，进而愿意打开自己的心房。

40. 向朋友表达陪伴意愿

普通话术 “有需要就找我，我一直都在。”

利他话术 “这段时间我手机一直放在身边，如果你难受，可以随时给我打电话，我会一直在。”

解　　析 这样表达，让你的陪伴具体化了，能增加对方的安全感和好感。

41. 当你想鼓励他人时

普通话术 “加油，我相信你一定可以的。”

利他话术 “我知道你已经很努力了，这段经历真的很不容易，如果你需要，可以告诉我怎么帮助你吗？”

解　　析 这样表达，不仅认同了对方的情绪，使其免于“情绪羞耻感”，还给足了对方力量。

42. 面对夸奖的时候

普通话术 “哪里哪里，过奖过奖。”

利他话术 “非常感谢你的认可，其实我只是做了自己该做的。能得到您的肯定，我真的很高兴。”

解　　析 这样表达，不仅展现了自己，还表达了对对方的感激。

43. 关注他人的感受和情绪

普通话术 “你为什么总是这么情绪低落，看起来不开心啊。”

利他话术 “看来你今天心情不大好，有什么事情让你觉得不舒服吗？

如果你愿意分享，我很愿意倾听。”

解　　析　这样说，更能表达你的关心，让对方感到你是个贴心的人。

44. 面对陌生人

普通话术　“你叫什么名字。“

利他话术　“我应该怎么称呼您呢？”

解　　析　这样问候对方，展现了自己的涵养，对方更愿意接受。

45. 有人给你发红包，你不想收

普通话术　“心意领了，红包就不用啦。”

利他话术　“心意和钱我就选更贵重的收下了，红包我就不领了，谢谢你。”

解　　析　这样回话，抬高了对方的心意，也表达了感激。

第03章
CHAPTER 3
餐桌礼仪，如何在饭桌上赢得好感

日常生活中，我们常常跟他人一起吃饭，而吃饭不仅是为了满足口腹之欲，更是我们重要的社交活动。高情商的发言不仅能让朋友们吃得开心，还能让自己达成社交目的，收获良好的人际关系。要达到这一目的，需要我们学习利他式表达，从而在饭桌上如鱼得水。

1. 当和朋友吃饭，朋友问你想吃什么时

普通话术　“随便。”

利他话术　“听你的，相信你的选择。”

解　　析　一句“随便”太敷衍了，换个说法，把主动权交给了对方，还表达了对对方的认可。

2. 当别人请客要你点单时

普通话术　“随便，我都可以，您看着点就行。”

利他话术　“谢谢，我要一杯拿铁，加冰，不要糖。”

解　　析　这样表达，既大方又自信，也不会让别人有心理负担。

3. 大家在点菜时犹豫不决

普通话术　“我都可以，你们决定。”

利他话术　“哈哈，看来我们的口味都太独特了，连点菜都成了个难题！要不这样，我点一个大家都喜欢的招牌菜，然后再每个人点一个自己喜欢的，这样既能满足大家的口味，又不会浪费哦！”

解　　析　这样的建议既体现了你的关心，又显得你很会照顾大家的感受。

4. 当朋友劝你喝酒而你想拒绝时

普通话术 “我不擅长喝酒。”

利他话术 “我擅长倒酒。”

解　　析 这样拒绝朋友，不失为一种幽默的方法。

5. 在家庭聚会上，小侄子不小心打翻了水杯，弄得一地狼藉

普通话术 “小孩子好动，很正常的。”

利他话术 “哎呀，小侄子真是活力四射啊！没关系，我们一起收拾一下就好了。”

解　　析 这样既能化解尴尬，又能让家人感到你的宽容和理解。

6. 请亲戚吃饭，饭局如何开场

普通话术 “大家好久没聚了，今天聚在一起，希望大家吃得开心。”

利他说法 “我今天感到很幸福，难得有机会和家人们一起吃顿团圆饭。平时虽然见面少，但是大家的感情从来没有变淡。”

解　　析 这样的话语既表达了对亲情的珍视又展现了自己的热情和真诚，让大家感到家庭的温暖和凝聚力。

7. 请朋友吃饭这样说

普通话术 “谢谢你们，有你们真好，这杯酒我先干了。”

利他说法 “这么多年来咱们风里来雨里去，说实在的呀。有你们在我的身边，我从来都没有羡慕过谁，祝我们的友谊长长

久久。”

解　　析　用真诚的话回顾和朋友们一起走过的岁月。能让朋友们感到这份友谊的珍贵，让彼此的关系更加的深厚。

8. 请同事吃饭可以这样说

普通话术　“谢谢大家一直以来的关照，这杯酒我干了。”

利他说法　“为了感谢大家一直以来对我的照顾，今天我终于有机会请大家吃顿饭，谢谢你们，来，我先敬大家一杯，喝酒吃菜，青春常在。吃菜喝酒，幸福久久，我呢先干为敬，大家随意。”

解　　析　简单而真诚的话语，让同事在饭局中感受到团队的温暖。

9. 在饭局上，感谢朋友或同事的话，可以这样说

普通话术　“谢谢大家对我的支持与鼓励，我先干为敬。”

利他说法　“感谢大家这么多年来对我的支持和帮助，今天趁着这个机会攒一个局，大家吃好喝好。我先干为敬。”

解　　析　让同事们和朋友们感受到自己的付出得到了认可，从而增进彼此之间的感情。

10. 饭局后，长辈说“你破费了”怎么回应

普通话术　“您别见外，没几个钱。”

利他话术　“××，您太客气了，您平时那么疼我，这顿饭根本没法比！”

解　　析　这样表达，强调了对方的价值，也表达了自己的感谢。

11. 饭局后，朋友说“你破费了”怎么回应

普通话术 “都是朋友，你这么说就见外了。”

利他话术 “感情淡了哈，跟我客气起来了，那下次你请？”

解　　析 这样以调侃的方式回复，不仅让聊天氛围更轻松，还拉近了与朋友间的距离。

12. 饭局上，别人说你菜点多了

普通话术 “不多不多。”

利他话术 “您百忙之中光临，是我的荣幸，也不知道菜是否合您的胃口，招待不周的地方，请您多包涵。”

解　　析 别人说菜点多了，只是客套话，此时表达荣幸，能让对方认为你是个心怀感恩的人。

13. 饭局上敬年长的人，怎么说

普通话术 “我敬您一杯！”

利他话术 “哥 / 姐，谢谢您这么多年对我的教导和照顾，祝您万事顺意，生意长虹！”

解　　析 敬酒时先表达对长者的感激，再表达祝愿，能让对方感到你是个懂得感恩的人。

14. 升学宴上敬大家，怎么说

普通话术 “谢谢大家来参加我的升学宴，希望大家吃好喝好。”

利他话术 “今天非常高兴，不只因为拿到理想大学通知书，更重要

的是还有你们——我的家人、朋友，来和我一起分享这份快乐。能有这样的成绩，离不开大家的鼓励和支持，没有你们，就没有我今天的成绩。”

解　　析　洋洋洒洒一段话，既表达了自己的喜悦之情，也感激了在座的亲朋好友。

15. 饭桌上别人敬酒而你不喝酒时

普通话术　“抱歉，我不喝酒！”

利他话术　“您敬我酒，我受宠若惊，我是由于身体原因确实不能喝，我真心实意敬您一杯茶，虽然茶没有度数，但是我对您的心意是有度数的。”

解　　析　这样既说出了自己的难处，又表达了对对方的敬意，很难让人怪罪。

16. 和同事吃完饭，你去付了钱，同事问多少钱要转给你时

普通话术　“你给我 50 就行了。”（实际上不止。）

利他话术　“我们今天四个人，一共花了 210 块，你给我 50 就行了。”

解　　析　同事聚餐，如果吃了亏，要吃在明处，不然很容易让同事认为你占了便宜。

第04章
CHAPTER 4
身处职场，如何运用利他式表达实现双赢

职场中，沟通能力往往决定一个人的发展上限。一句话可以化解矛盾，也可能引发冲突；一个回应可以赢得信任，也可能失去机会。尤其是在与领导、客户、同事等关键对象沟通时，如何既表达清楚，又让人感到舒适，是一门需要不断修炼的艺术。高情商的职场沟通，正是围绕这一问题，我们来看看本章的内容。

1. 当领导询问工作进展时

普通话术 “正在做。”

利他话术 “这个项目已经做到了 ×× 程度，还有 ×× 部分待完成，预计 ×× 时间完成。”

解　　析 这里，领导想要了解的是具体的进度，运用利他式表达，满足了领导的这一要求。

2. 公司群，领导发了红包，你抢到了最大的，领导在群里对你说：“小张，你手气真不错！”

普通话术 “过奖过奖！”

利他话术 “没有领导的大气，哪来我的手气！”

解　　析 一句简单的回复，不仅赞美了领导，更展现了自己的底气。

3. 当领导问你忙不忙时

普通话术 “还行，不忙。”

利他话术 “领导有什么工作您安排，如果急的话，我优先处理。”

解　　析 领导既然问你忙不忙，言下之意就是有事要求你去处理，运用利他话术，能让领导看到你的高情商和积极主动的工作态度。

4. 领导发表意见后问你怎么样

普通话术 “我觉得挺好的 / 我没啥意见。”

利他话术 “领导，我很认同您的想法，我先按照您的指示执行，如果有问题我再反馈给您。”

解　　析 领导问你的意见，也只是出于礼貌，如果你真的有很多意见，也应该用委婉的方式提出。

5. 当领导安排的事超过你的能力时

普通话术 “我做不了。”

利他话术 “谢谢您的信任，虽然这件事对我来说有难度，但我会努力做好，如果有问题，再向您请教。”

解　　析 直接拒绝领导，会让领导难堪，运用利他话术，既表明了自己的难处，又展现了良好的工作态度。

6. 当你给领导发文件时

普通话术 “领导，请查收。”

利他话术 “这是 ××× 文件，麻烦您看一下内容是否需要修改。”

解　　析 在发完文件后，这样表达，不仅能提醒领导及时接收，还适时表明自己愿意主动接纳批评建议的态度。

7. 当领导问你还有什么意见时

普通话术 “没意见。”

利他话术 “您说得很全面了，没有要补充的，我先去执行，如遇到问题再请教您。”

解　　析　当讨论结束时，领导并不希望你再给出什么意见，所以这样表达更高明。

8. 当领导跟你说“谢谢”时

普通话术　“不客气。”

利他话术　“应该的，如果有不足之处，您随时指正。”

解　　析　被领导感谢，与汇报工作时不同，要着重展现自己的谦逊态度。

9. 领导在微信上问你：“在不在”

普通话术　“在的 / 领导您找我有什么事 / 怎么了？”

利他话术　“在的，领导您有什么安排吗？”

解　　析　很明显，第二种表达更显谦逊。

10. 当领导给你派新任务时

普通话术　“好的，收到。”

利他话术　“好的，我整理一下相关的资料，预计下班前 / 下周一发给您。”

解　　析　领导在派发完新任务后，最希望看到的是你什么时候能完成，这样表达正合领导心意。

11. 领导给你布置任务时没说清楚

普通话术 “领导，刚刚我没听清楚，可以再说一遍吗？”

利他话术 “领导，您说的我都记下来了（有认真听），但是有几点我想跟您确认下。”

解　　析 这样表达，言下之意是：不是不懂而是确认，不仅可以让领导再说一遍，还能让领导认为你是个谦逊的人。

12. 当领导问不是你负责的事情时

普通话术 “我不清楚，不是我在负责。”

利他话术 “这个项目是 ×× 在负责，我马上问一下，再跟您汇报。”

解　　析 第一种表达虽然没什么问题，但是有推卸之嫌，换成利他式表达，能展现你的责任心，助你得到领导的认可。

13. 向领导汇报工作时

普通话术 “这个项目我加班一个月终于完成了。”

利他话术 “张总，这次项目提前三天交付，不仅节省了 20% 的预算，还总结出了一套标准化方案，在后续类似方案中可以直接拿来使用，给团队减轻不少压力。”

解　　析 这种表达方式既展现了成果，又突出了对公司和团队的价值。

14. 汇报完工作，担心领导没听明白

普通话术 “您听明白了吗？”

利他话术　“领导，以上我都说清楚了吗？”

解　　析　只是换一个角度，就呈现出了完全不同的表达效果。

15. 向领导请求决策支持

普通话术　“领导，这两个方案要选哪个？”

利他话术　“关于这两种方案，我分别总结了优点和不足，您看哪个方案更符合项目要求。”

解　　析　领导的工作是决策和管理，作为下属，只有把具体方案的优缺点放到领导面前，才能让领导放心和省心。

16. 给领导打电话

普通话术　“领导，您在哪？”

利他话术　“领导，您现在方便接电话吗？”

解　　析　同样的意思，换一种表达和语气，领导听起来感受完全不同。

17. 当你被领导批评

普通话术　“好的，知道了。”

利他话术　“您指出的问题很关键，也确实存在，我会立即更正，并会在下次工作汇报时同步跟进结果。”

解　　析　第一种回复显得很敷衍，而利他式表达，让领导看到了你的谦逊和改变的态度，领导或许不忍再批评你。

18. 明明是领导自己忘了，反过来责怪你："活动方案怎么还没发？"

普通话术 "我早就发了啊！"

利他话术 "我以为早上发过了，我马上再发一遍。"

解　　析 面对领导的错误，聪明的表达是放弃反驳，再委婉提示，并表示自己会再做一遍，这样领导不但能认识到是自己的问题，还会为你的贴心而高兴。

19. 团队人手不够时如何跟领导说

普通话术 "人手不够，项目没法进行下去了。"

利他话术 "现在的项目如果能增加两名人手，交付时间能提前一周，您看行吗？"

解　　析 提出增加人手后的益处，才能真正打动领导。

20. 向领导提出建议

普通话术 "我觉得这款产品可以增加 ×× 功能。"

利他话术 "根据最新的市场调查报告，目前 ×× 功能在 ×× 产品中是最受欢迎的，如果我们能研发出来，能增加 30% 的收益。"

解　　析 指出增加产品功能后的具体收益，领导才愿意追加投资。

21. 当手头上工作太多时

普通话术 "我忙不过来了，做不了。"

利他话术　“目前我手头上紧急任务有三件了，您看是需要调整任务优先级，还是协调其他同事来支援？”

解　　析　当工作超负荷时，与其抱怨，不如给领导具体的解决方案。

22. 汇报坏消息时

普通话术　“出问题了，可能要延期交付。”

利他话术　“目前项目遇到了 ×× 问题，但团队已经向技术部门寻求支持，预计三天内能处理完毕，后续我会继续跟进。”

解　　析　领导希望员工能解决问题，而不是给自己制造问题，因此第二种表达更得领导欣赏。

23. 当工作无法推动时

普通话术　“领导，×× 不配合。出问题了，可能要延期交付。”

利他话术　“领导，我遇到了 ×× 问题，目前需要您的支持。”

解　　析　找领导告状，会给领导留下推卸责任的印象，将工作进度汇报一下，顺便提一下你遇到的问题，寻求领导的帮助。

24. 当领导说“你辛苦了”

普通话术　“没事，不辛苦。”

利他话术　“谢谢您的关心，这段时间虽然大家都很忙，但是项目顺利完成，我觉得一切都值得。”

解　　析　表达对领导关心的感谢，这不仅能展现你的诚意，还能增强彼此之间的信任和好感，不要傻傻地说应该的，这样不仅一笔勾销了你的辛苦，也让领导无法接话。

25. 当你想争取发展机会

普通话术 “我想换个工作。”

利他话术 “我目前的成长节奏停滞了，想请教您有没有新的发展机会可以尝试？”

解　　析 同样是请求发展机会，换成利他式表达，领导会更愿意接受。

26. 当你希望领导少开无效会议

普通话术 “开这些会没用。”

利他话术 “我们是否可以考虑将某些会议改成在线同步文档，以此提升效率呢？”

解　　析 对领导工作方法有不同意见时，与其批评，不如给出更好的建议。

27. 当时间太赶、压力太大时

普通话术 “时间不够。”

利他话术 “经过评估我发现时间比较紧张，为了保证项目质量，我们是否可以延长一些时间或者将任务分解呢？”

解　　析 不要跟领导绕弯子，直接说出你的诉求，这样往往会让领导更欣赏。

28. 当你被领导通知要临时加班

普通话术　“这不在我的职责范围内。”

利他话术　“这个我可以尽力配合，不过我需要调整下已有的安排。”

解　　析　永远不要跟领导说这不是你的职责，而要强调会努力配合。

29. 当你和领导有不同意见时

普通话术　“我不赞成这个方案。”

利他话术　“领导，我还有一点补充建议，也许能帮助我们更好地达成目标。”

解　　析　没有领导希望自己被否定，因此，提出不同意见，要委婉表达。

30. 当领导为你安排了有挑战性的工作时

普通话术　“难度太大，我做不了。”

利他话术　“好的领导，不过这方面的工作我之前接触得不多，我先回去思考一下看具体可以怎么着手，以及需要什么支持，然后把详细计划汇报给您，您看行吗？”

解　　析　这样表达，不仅表明了自己积极接受工作的态度，也指出了自己可能需要支持，让领导心里也有数。

31. 开会时，领导让你补充发言

普通话术　“我没什么可以说的。”

利他话术　“刚刚领导说得已经很全面了，我不敢说有什么补充的，不过我有两个比较小的执行方面的建议，分别是……大概就是这些了，希望大家能多多提点。”

解　　析　这样表达，不仅认同了领导，还展现了自己谦逊的态度。

32. 领导问你一件事情你不知道

普通话术　“我不知道。”

利他话术　“领导，请给我一天时间，我详细了解后再向您汇报。”

解　　析　作为下属，和领导说话最忌讳一问三不知，哪怕你真不知道，也要表明会立刻去了解的态度。

33. 当你犯了一个错误，领导问“怎么回事”

普通话术　“我也没想到事情会这样。”

利他话术　“领导，还是我年轻，缺乏经验，当时考虑得不够全面，我的补救措施是……”

解　　析　当领导想了解一个员工为什么犯错时，其真实目的是希望员工能给出补救措施，因此这样回话，正合领导心意。

34. 向领导请示工作

普通话术　“领导跟我说一下这事怎么办。”

普通话术　“领导，有件事情需要请示您。”

解　　析　同一件事，换一个表达，领导听起来更顺耳。

35. 当同事夸你

普通话术　“谢谢！”

利他话术　“那可不，优秀的人都是混同一个圈子的，要不我怎么会认识你呢？

解　　析　这样接话，不但表达了自信，也顺带赞美了对方。

36. 当同事问你工资时

普通话术　“1800！”

利他话术　“比以前多了，现在吃泡面，我敢放两根火腿肠了。”

解　　析　以开玩笑的方式接话，巧妙转移了话题，同事自知没趣，也不会再追问了。

37. 当你在公共场合表扬同事时

普通话术　“小王最近表现不错！”

利他话术　“小王优化了报价流程，现在全组每个月能节省 20 小时的工作时长，这点值得我们在今天的会议上深入分享。”

解　　析　这一表达运用了具体数据，放大了对方的价值，对方在公共场合被夸奖，更乐于接受。

38. 当你需要求助同事时

普通话术　“能帮我处理下这个表格吗？”

利他话术　“这一数据模块你最专业，能不能指导我优化关键部分，完成后我会给小组其他成员同步分享经验。”

解　　析　这一表达将对方放到了“专家”的位置上，满足了对方的虚荣心，与此同时，还明确了利益共享的态度。

39. 如何拒绝同事

普通话术　“我现在没时间，你自己想办法。”

利他话术　“我特别理解现在你需要帮助，如果你周四找我，我一定会全力配合，现在我更推荐小王，他在处理这类问题上很有一手。”

解　　析　不直接否定，而是提供替代方案，不但没破坏关系，还拒绝了对方。

40. 如何向同事提建议

普通话术　“你这个方案根本不行。”

利他话术　“你这个方案很有创意，如果能补充对手产品的详细数据，再结合我们上次的市场推广经验，一定能更出彩。”

解　　析　先肯定，再给出具体建议，批评就转化为了建设性意见。

41. 当你想提醒同事说话小声点时

普通话术　“小点声，可以吗，大家都在午休呢。”

利他话术　“小声一点，领导今天在隔壁办公，这边有什么动静，听得一清二楚。”

解　　析　这样说，才能让同事忌惮而听从你的建议。

42. 如何提出跨部门合作的请求

普通话术　“我们需要你们部门的配合。”

利他话术　“我们两部门合作，能帮助你们收集到一线用户的反馈，正好补充你们季度报告的数据缺口。”

解　　析　提出对方能获得的益处，要求合作就变成了资源置换，对方怎么会拒绝呢？

43. 在团队协作中这样沟通

普通话术　“每个人要做好自己的分内事。”

利他话术　“这次任务很重要，时间紧迫，我建议明确分工和截止时间，大家觉得怎么样？”

解　　析　团队协作中，这样说，能强化每个人的责任心，激发大家的动力。

44. 与同事产生冲突时如何说

普通话术　“我认为你这样处理不对。”

利他话术　“我特别能理解你这样做的出发点，不过这样可能会影响项目交付的时间，要不我们再看看有没有两全的方法，如果你愿意，我可以请 ×× 部门的同事提供技术支持。”

解　　析　先共情对方，再谈到对共同利益的影响，最后提出协作邀请，相信同事能做出明智的决策。

45. 跨部门合作，同事不配合怎么办

普通话术 “领导安排我们两部门一起完成这一项目，我也没办法，反正今天下班前我们必须把初步方案做出来。”

利他话术 “这一任务确实是领导临时加进来的，我跟你一样手上也还有别的项目。你看这样，咱俩先抽半小时把任务拆解一下，然后先做专业性强的部分，其他部分最后一起完成，如果有什么资料需要我提供的我先帮你找出来，尽量把时间优化一下（提出解决方案），这样咱俩也能早点做完，免得晚上加班。”

解　　析 这样表达，先共情了对方，然后从对方的角度，提出解决方案，对方很难拒绝。

46. 与同事交接任务时这样说

普通话术 “这是你要的资料，发你了。”

利他话术 “我已经整理了所有注意事项和清单，方便你后续跟进。”

解　　析 交接任务时，从对方的角度阐述细节，能让对方感到你的贴心。

47. 表扬同事的话怎么说

普通话术 “你真厉害。”

利他话术 “你上次做的数据模型很实用，我经常拿来用，以后多向你学习！”

解　　析 赞美同事，要具体而不要泛泛之谈，否则会让同事摸不着

头脑。

48. 当进度延迟时这样与同事说

普通话术　“我还没做完，你再等等。”

利他话术　“成稿我可能还需要一天完成，如果你着急，我可以先提供初稿。”

解　　析　当自己的工作没做完时，为对方提供其他方案，效果往往更好。

49. 当同事找你帮忙，你想拒绝时

普通话术　“我自己的工作还没完成呢。”

利他话术　“很抱歉，我现在手头上的工作有点多，比较忙，你看这样行吗，你先自己研究下，等我忙完手头这些事就过去找你，到时候我们一起研究看看怎么解决。”

解　　析　这样表达，不但直接表达了自己的难处，还提出等忙完之后再帮忙，对方自然能够理解。

50. 当同事不配合你的日常工作时

普通话术　“你什么意思，如果你非要这样，我只能告诉领导去了。

利他话术　“大家都很忙，你的心情我理解，但考核有要求，我们这个月的奖金就靠它了，咱们再坚持坚持。”

解　　析　这样表达，不但共情了对方，还做到了晓之以理、诱之以利。

51. 当同事说你的工作方案根本行不通时

普通话术 “你倒是说出理由啊？”

利他话术 “我能理解你的意思，这个方案执行起来确实有难度，但是我们已经进入瓶颈期了，需要创新才能解决难题。”

解　　析 这样表达，既表达了对对方观点的认同，与此同时，还强调了自己的观点，并表达了想要寻求共识的态度。

52. 同事临时给你加活儿，还催得紧

普通话术 “你怎么不早说，现在催这么紧，我办不到。”

利他话术 “我能理解你现在很着急，但是确实你给得也太急了，你们先核对内容，或者两边领导商量下优先级。”

解　　析 这样说不仅表达了对同事的理解，更给出了解决方案——让领导来决策。

53. 当平级同事指派你干活时

普通话术 “我没空，这也不是我的工作。”

利他话术 “可以啊，但是我最近在忙 ×× 的事，你不着急的话，下周可以吗，如果着急，要不你问问 × 总，先做谁的？”

解　　析 这样说，并没有直接表达反驳，而是运用无限拖延加搬出直属领导的方法加以拒绝，让对方无话可说。不仅表达了对同事的理解，更给出了解决方案——让领导来决策。

54. 当同事让你做一件你做不了的事时

普通话术　“抱歉，我真不会。”

利他话术　“这个设计任务需要用到 ×× 软件，我还没学过呢，不过我收藏了很多优质教程，分享给你？”

解　　析　这样表达，既表明了自己能力的不足，又提供了学习资源，同事还怎么强人所难呢？

55. 当同事找你借一件你正在用的东西时

普通话术　“抱歉，我也要用呢。”

利他话术　“这个摄影器材下周我要带去拍摄活动，实在没办法借给你们部门，不过我知道附近有器材租赁店，什么设备都有，我马上把地址发给你。”

解　　析　这样表达，表明了自己的需求，同时提供了替代方案，一般同事都会接受。

56. 当同事向你打听公司决策时

普通话术　“别问了，我不能告诉你。”

利他话术　“这一决策涉及公司制度，我无权告诉你。不过你要想知道的话，我可以陪你一起去找领导问问。”

解　　析　这样表达，强调了客观原因，也表明了自己愿意提供帮助，同事还怎么好意思继续打听呢？

57. 当同事想拉你参加某个活动，但你不想参与时

普通话术 “我不想参与。”

利他话术 “这次活动确实很有意义，但是我已经报名参加其他项目了，时间上冲突，活动照片记得分享给我哟。”

解　　析 这样表达，肯定了对方提出的活动的价值，也说明了自己不能参加的理由，另外，还表达了想要继续保持情感联络的期望，因此，同事不但会理解你，还会钦佩你的高情商。

58. 同事找你合作一个项目，但你不想参与

普通话术 “别找我合作，我没兴趣。”

利他话术 “这个项目很有新意，但是我目前的精力在其他方向上，如果后续要建议，随时可以找我聊。”

解　　析 这样表达，肯定了对方提出的项目的价值，也清晰地表明了自己的立场，更保留了沟通的可能性。

59. 你与同事合作完成一个项目，你的部分还没完成，同事过来问你进度时

普通话术 “我还没做完，你再等等。”

利他话术 “我可能还需要一天才能完成，如果你着急，我可以先提供初稿。”

解　　析 当自己的工作没做完时，为对方提供其他方案，效果往往更好。

60. 同事让你帮他做一件违反公司规定的事

普通话术　“抱歉，我不能帮你。”

利他话术　“这件事违反公司规定，我没办法帮你，不过我们可以一起研究下合规的替代方案。”

解　　析　这样说，既表达了自己的立场和选择，也提出了解决思路，相信同事不会再强求你。

61. 当你向同事分享信息时

普通话术　“我不知道，你自己去查资料吧。”

利他话术　“今天我整理资料时发现有一份对你现在的项目很有帮助的报告，已经发给你了，记得查收一下！”

解　　析　这样说，会让同事看到你的用心和贴心，相信在日后的工作中他也一定愿意帮助你。

62. 当向下属布置任务时

普通话术　“这个就交给你了，下班前交给我。”

利他话术　“今天这个任务很有挑战性，过程中出现问题随时找我，我们一起想办法解决。”

解　　析　这样下达任务，不但能激励下属，更表达愿意和下属一起解决问题的态度。

63. 当批评指正下属时

普通话术　“你怎么又出错了。”

利他话术　“这次的问题我们一起复盘，避免下次再犯，我相信你能做得更好。”

解　　析　这样说不但表达了愿意和下属一起解决，还表达了对下属的信任。

64. 当鼓励员工时

普通话术　“不错，下次继续努力。”

利他话术　“上个月你的业绩提升了不少，领导们都看到了你的成长，继续保持。”

解　　析　激励员工要具体，不能泛泛之谈。

65. 当你想了解员工的职业发展时

普通话术　“你先把眼前的工作做好。”

利他话术　“你对未来1—2年的职业规划是什么，我们可以一起制定成长路径。”

解　　析　领导问询下属的职业规划，要表达支持，否则会让下属莫名其妙。

66. 在听完员工的建议后

普通话术　“想法不错，但现在公司没资金支持。”

利他话术　“你的创意很有价值，如果可以，我会争取资源支持你。”

解　　析　对于员工提出的工作建议，要表达支持，否则会打消员工的积极性。

67. 向下属委派任务

普通话术　“你负责这个，别搞砸了。”

利他话术　“这个项目由你主导，需要任何授权或资源支持，随时告诉我。”

解　　析　这样表达，能让下属感到被支持和信任，从而全力以赴开展工作。

68. 应对下属抱怨时

普通话术　“谁不累呢，你再坚持一下。”

利他话术　“我理解你的压力，我们看看如何调整工作分配或优化流程。”

解　　析　这样说，不但共情了下属，还给出了具体的应对措施。

69. 向下属授权决策时

普通话术　“这点小事就别来问我了，你自己决定吧。”

利他话术　“我相信你有自己的判断，如果有风险，我们再一起讨论。”

解　　析　同样是支持下属自己拿主意，换一种说法，下属的感受会完全不同。

70. 交代员工完成某个方案

普通话术　“这个方案明天必须交。”

利他话术　“这个客户和你合作过，很认可你，这次点名还要你来完成，我也相信你来做成功率是最高的。”

解　　析　这样说，将任务和个人成长进行了绑定，让员工感觉是在为自己干活，自然更有动力。

71. 当你需要通知下属加班完成某一工作时

普通话术　“今天你留下来加班，把数据整理完交给我。”

利他话术　“我也不想加班，但是整理完这个数据，下次晋升答辩你就有实绩了。”

解　　析　没有职场人士愿意加班，但是如果加班能助力晋升的话，情况就不一样了。

72. 当员工写的材料很差时

普通话术　“你这写的是什么垃圾？”

利他话术　“框架很清晰，如果再加入行业数据对比就更直观了。”

解　　析　不直接批评，而采用提建议的方法，员工也更乐意接受。

73. 如何鼓励年轻人努力工作

普通话术　“年轻人要多吃苦！”

利他话术　“你要学的这些经验，都是你以后晋升的资本！”

解　　析　年轻人最想获得的就是经验，因此，与其给员工画大饼，不如直接告诉员工即将获得的实实在在的好处。

74. 如何激励员工踏实工作

普通话术　“好好干，公司不会亏待你。”

利他话术　“完成这个项目，你就掌握了成为项目经理的关键能力！”

解　　析　年轻人谁不想往高处走？从这一点激励他们，他们定会踏踏实实做好当下的工作。

75. 当问候下属时

普通话术　“早。”

利他话术　“嘿，小李，今天来得挺早啊，吃了没？”

解　　析　这样的问候既亲切又自然，能够迅速打破沉默，为接下来的聊天铺垫良好的氛围。

第05章

CHAPTER 5

留个心眼，利他式表达让你巧妙避开这些职场暗箭

在职场，无论是同事之间，还是上下级之间，关系都微妙而复杂。表面上大家和和气气，但暗地里可能暗流涌动。尤其是当涉及一些利益问题时，有些人会不自觉地用各种方式试探你，试图从你口中套出关键信息。有些话看似随意，实则暗藏玄机，可能是真诚的关心，也可能是精心设计的陷阱。如果你不小心应对，可能会让自己陷入被动，甚至影响职业发展。那么，职场人士该如何用利他表达避开这些语言陷阱呢？本章我们就来深入探讨这个话题。

1. 有人阴阳怪气地说：“年轻人升职就是快哈。”

普通话术　“哪有哪有，你过奖了！”

利他话术　“哎，我这是运气好跟对了项目！要说经验还得向您学习，上次您处理 ×× 危机那招儿，我到现在都琢磨不透呢！”（捧回去不接招儿。）

解　　析　这样接话，不但没接招，还将对方捧了回去，一箭双雕，甚是高明。

2. 当同事在领导面前甩锅

普通话术　“这明明是你负责的。”

利他话术　“这次我也有一定的责任，我没主动问你的需求，下次有需求可以提前告诉我一下，以免造成误会。”

解　　析　硬话软说，顺带提及别人的责任，避免了背锅。

3. 刚入职，同事调侃你是不是托关系进来的

普通话术　“怎么可能，你想多了！”

利他话术　“在座的各位，哪一位不是靠领导赏识进来的！”

解　　析　这样回答，巧妙地转移了话题，还顺带赞美了领导。

4. 领导说你工作没有刚入职积极了

普通话术 “没有啊，领导，我一直很积极。”

利他话术 “刚来的时候经验不足，整天瞎忙活，这段时间跟您学了很多，知道劲儿应该往哪儿使，工作起来从容多了。”

解　　析 面对领导的质疑，这样回答能够巧妙化解危机，让领导感到你是个高情商的人。

5. 同事忽悠你“站队”

普通话术 “确实，某某领导更优秀。”

利他话术 “我觉得他们都很好，都有过人之处。”

解　　析 这样回答，不偏不倚，避免了很多职场陷阱。

6. 公司里同事当众人捧杀你

普通话术 “没有没有，谢谢大家。”

利他话术 “大家都很厉害，我不进步的话，就拖大家后腿了，得赶上大部队呀。”

解　　析 一句简单的回答，巧妙化解了对方递过来的语言炸弹。

7. 同事打探家庭情况

普通话术 “我家五口人，每年收入大概 ×× 万。”

利他话术 “和大家一样，没什么特别的，就是普通的打工人。”

解　　析 这样说，虽然回答了对方，但是对方什么有用的信息也没得到，对方自知无趣，也不会再问了。

8. 同事假装关心问："男朋友怎么最近不来接你了？"

普通话术　"这是我的私事。"

利他话术　"你好像特别关注这个？是不是遇到过类似情况？"

解　　析　面对这一问题，大部分人会陷入"自证陷阱"——下意识解释自己的动机，第一种回话反而激发对方好奇心，运用第二种回答方法，将球踢回给对方，让对方无话可说。

9. 同事试探你的薪资

普通话术　"不方便说。"（显得心虚。）

利他话术　"听说公司最近在查薪资保密，你突然问这个……该不会是收到风声了吧？"

解　　析　第一种回答只会显得心虚，而第二种回应能让绝大部分套话者主动转移话题。

10. 遇到情感绑架，让你说出不该说的秘密

普通话术　"咱们关系好我才告诉你……"

利他话术　"你这么想知道……该不会是想跳槽 / 举报 / 挖墙脚？"

解　　析　这样一连串的反问，对方会立即否认，并终止话题。

11. 同事忽悠你请客

普通话术　"那好吧。"

利他话术　"我这点工资还不够人手一杯奶茶，等以后发达了，我给你们每人买一套房。"

解　　析　这样表达，先卖惨、画饼再加戏谑，对方自然觉得无趣。

12. 又被同事占便宜

普通话术　“那行吧，今天我请客。”

利他话术　“大家觉得那天的奶茶好喝吗？那太好了，以后轮流买好了，今天该你咯。”

解　　析　通过制定规则，把球踢给对方，对方以后也就不敢再占你便宜了。

13. 当对方设陷提问：“两位领导你更认同谁的理念？”

普通话术　“我觉得 ×× 的理念更好。”

利他话术　“哇，这个问题好犀利！你问过其他人吗？他们怎么说的？”

解　　析　用惊叹词制造压力，反将问题变成对方的责任。

14. 同事问你：“听说你要升职了？”

普通话术　“是啊，你怎么知道的？”

利他话术　“谁告诉你的？这种消息传得可真快，不过我自己都还没听说呢。”

解　　析　这样既没有承认，也没有否认，让对方摸不清虚实。

15. 同事问你：“你来了几年了，怎么还没升职呢？”

普通话术　“我也不知道。”

利他话术　“可能我隐藏得太好了，领导还没发现我这个宝藏员工呢！”

解　　析　同事这样问，分明是不怀好意，此时运用幽默法回话，不但轻松避开话题锋芒，还能展现自己的自信。

16. 面试官问你为什么从上一家公司离职

普通话术　“因为工资（同事关系、前景）令我不满意。”

利他话术　“我在前公司积累了 ×× 领域的经验，但更希望在 ×× 方向深入发展，这与贵司岗位的 ×× 特质高度契合。”

解　　析　在回答这类问题时，需聚焦职业发展与岗位匹配度，避免负面评价，需体现积极态度与成长意识。

17. 你和领导单独吃饭，领导跟你说：“老王这个人不厚道，你觉得呢？”

普通话术　“我和领导意见一致。”

利他话术　“吴总，首先十分感谢您对我的信任，老王呢，我们也共事过一段时间，论能力，他是有的，他在团队里的表现也是有目共睹的，业绩也没话说，不过其他方面呢，因为私下里我们并没有什么交情，也不是十分了解，以后我多观察下。”

解　　析　这样回答，顾左右而言他，成功躲避了语言陷阱。

18. 你生病了找领导请假，领导说最近人手不够还请假，你看人家小刘都带病上班呢！

普通话术　“那行吧，我知道了。”

利他话术 “刘总，您说得对，但是我实在支撑不住了，这是我的检查单和病例报告，对工作造成不便还请您谅解，过后我一定将我的部分补上，谢谢领导。”

解　　析 拿出事实证据，再表明自己会努力工作的态度，领导自然无话可说。

19. 隔壁部门给你安排本职工作之外的任务，并且说已经告诉过你的直属领导了，让你配合

普通话术 “好的，知道了。”

利他话术 “既然我们领导同意了，我肯定配合啊，你们在做的时候有什么不明白的，尽管来问我。”

解　　析 这一回答，虽然认同了对方，但并没有表明自己会采取什么行动，巧妙拒绝了对方，让对方无话可说。

20. 当你请求同事协助时

普通话术 “这个麻烦你帮我做一下。”

利他话术 “上次你处理 ×× 问题的方法很有效，这次能麻烦你抽十分钟时间帮我看看这个方案吗？”

解　　析 先赞扬同事的能力，再提出请求，同事怎么会拒绝你呢？

第06章

CHAPTER 6

做生意先做朋友，金牌销售都懂的利他式表达技巧

任何一名销售人员，都想在自己的领域脱颖而出，想成为销冠，就要掌握利他话术。利他话术的核心，是从客户需求出发，从“帮客户解决问题”的视角沟通，让客户感受到“你在为他着想”，而非“只想赚他的钱”。

1. 如何联系客户

普通话术　“您随时可以联系我。”

利他话术　“我抽个时间联系您。”

解　　析　这样说是为了让客户知道，你不止他一个客户，你的时间也很宝贵，但还是会抽出时间联系他。

2. 如何预约客户

普通话术　“您看您什么时候方便？”

利他话术　“您下午几点方便？”

解　　析　要让客户说出具体的时间，不给他任何拒绝的机会。

3. 如何探求客户需求

普通话术　“您有这方面的需求吗？”

利他话术　“您一定非常需要它。”

解　　析　你需要学会先替客户做判断，才会有后续的沟通。

4. 当你和客户第一次接触

普通话术　“您好，我是 ×× 公司的销售 ××，今天来拜访您是为了推销我们公司的产品 ××。”

利他话术　“感谢您百忙之中愿意给我时间，我先简单了解下您的需求，再针对性地给您制订方案，避免浪费您的时间。”

解　　析　从客户的角度开场，能展现你的专业风采，让客户信任你。

5. 顾客在进店之后左看右看

普通话术　“您看中哪一款了？”

利他话术　“现在是不是不知道该怎么选了呢？”

解　　析　站在客户的角度推销，更加贴心。

6. 如何引导客户说出内心的顾虑

普通话术　“您还有其他的顾虑吗？”

利他话术　“我知道你有顾虑……”

解　　析　当你能够准确说出客户的疑虑时，他自然会觉得你也有能力帮他解决问题。

7. 当你在与客户沟通中，发现客户的需求不明确时

普通话术　“请问您到底需要什么样的产品？”

利他话术　“为了更好地服务您，方便说下您看重的两个需求点吗？”

解　　析　很明显，第一种会让人觉得你不耐烦，甚至放弃购买，而第二种表达则展现了你的专业素养，会让客户对你产生信任感。

8. 销售中的破冰——场景互动法

普通话术　“你好，王总，我是来推销……”

利他话术　“哎哟，您也打高尔夫啊？我特别想学这个，您有什么建议吗？”

解　　析　这样表达，话匣子就打开了。当然，这需要你一进门就观察环境，找到切入点。

9. 销售中的破冰——新闻热点法

普通话术　“王总，您现在有时间吗？”

利他话术　“刚看新闻说咱们这个行业又有新政策了，您觉得会对咱们有影响吗？”

解　　析　这种话题特别容易引起客户兴趣。

10. 销售中的破冰——好奇心法

普通话术　“王总，我是 ×× 公司的小吴，打扰您了。”

利他话术　“听说您公司最近发展特别不错，能不能跟我分享下经验？”

解　　析　让客户当老师，气氛立马就不一样了。

11. 销售中的破冰——共同点破冰

普通话术　“王总，我是 ×× 推销员小吴，今天来呢，是想和您说说我们的最新产品……”

利他话术　“听说您也是山东人？我就特别喜欢山东的……”

解　　析　拉近距离就是这么简单，但这需要我们提前做功课，找到共同话题。

12. 销售中的破冰——轻松幽默法

普通话术　“上午好，王总，我是之前跟你预约过的……”

利他话术　“今天特意穿得正式点来见您，还以为您会夸我帅呢！”

解　　析　用幽默化解初次见面的尴尬。

13. 客户走进店内，说：“我就是随便看看。”

普通话术　“行，您慢慢看，看好了再告诉我。”

利他话术　“您说得对，买东西就是要多看、多对比一下，如果您有什么疑问，请随时叫我，我很高兴能为您服务。另外，如果您累了也可以到我们的休息室休息一下。”

解　　析　这样表达，不仅表达了对客户的尊重，还给足了客户安全感，这样的销售人员，客户怎么会排斥呢？

14. 推销产品时，客户说：“我在忙。”

普通话术　“那行吧，我改天再来。”

利他话术　“只占用一分钟时间，没准能帮到您，多一次了解，多一次机会。如果实在不方便，可以先加个好友，晚点再沟通。”

解　　析　当客户说“在忙”的时候，就没必要强行推销，而应该退而求其次，先表达自己不会占用太多时间，如果客户还是拒绝，再提个更小的要求试试。

15. 顾客一来就问多少钱

普通话术 “这个 × × 元。”

利他话术 “您之前都了解过什么价位的同类产品呢？能给到客户的优惠我一定不会吝啬，但其实现在各行各业都很内卷，基本价格都是透明的。通常过低的价格也代表着一定的风险，您买产品是送人还是自己用呢？”

解　　析 客户询问多少钱，其实对同类产品的价格已经有过了解，如果直接报价，很可能会赶走客户，而运用利他话术，让客户明白一分价钱一分货的道理，客户才会重新考虑。

16. 推销产品时候，客户说：“没时间。”

普通话术 “好的，那等您有时间的时候我再来吧。”

利他话术 “时间是挺宝贵的，我们要用时间来挣钱，也可以用时间省钱。最近有个活动，优惠力度很大，没准可以帮您省下一大笔钱呢。”

解　　析 通常来说，客户说“没时间”都是拒绝的借口，此时，只有从客户的利益角度出发，客户才愿意给销售员机会。

17. 推销产品时，客户说：“我不需要。”

普通话术 “那好吧，打扰了。”

利他话术 “现在不需要没关系，可以先了解一下，没准哪天就派上用场了。我在这行做了十年了，总有些地方可以给咱们一些帮助，说不定能帮您省下不少钱和时间呢。”

解　　析　客户这次拒绝不代表以后也不需要，这样表达，下次客户有需要时就会想起你。

18. 当客户犹豫不决时

普通话术　“有什么可犹豫的，喜欢您就买了吧。”

利他话术　“看您好像很喜欢这款产品，但还在犹豫，应该还需要更多信息来做决定，能告诉我还有哪方面的顾虑吗？”

解　　析　这样表达，能引导客户说出自己的顾虑。

19. 当客户说：“我先考虑考虑。”

普通话术　“好的，您考虑好了再告诉我。”

利他话术　“嗯，买东西就是应该多考虑考虑，花钱仔细一点是对的。我看您还是挺喜欢这款产品的，有什么顾虑不妨跟我说下，买不买的都没关系，最起码了解下，就算是您去了解别的产品，也可以做个对比，您说呢？”

解　　析　这样说，先共情了客户，得到客户认可后，再引导客户说出心中的顾虑，并将其化解，实现最终成交。

20. 当你将产品资料发给客户后

普通话术　“我给您发的产品资料，您了解一下。”

利他话术　“我给您发的资料，可以让您在选择产品的时候，少走很多弯路的。”

解　　析　提及客户可能得到的利益，客户才愿意去看资料。

21. 首次与客户交流后

普通话术　“既然您认可我们的产品，我们现在就把合同签了吧。”

利他话术　“张总，今天我的目标不是立即签单，而是希望充分了解您的需求。如果我们能提供合适的解决方案，那很好；如果暂时不合适，我也希望能建立长期联系，在合适的时机再次讨论。”

解　　析　这种无压力姿态反而让客户放下防备，更愿意深入交流。

22. 当客户提出想再看看其他家的产品

普通话术　“你可以去对比一下。”

利他话术　“我对我们的产品非常有信心，相信您在对比其他产品以后，仍然会选择我们的产品。”

解　　析　这样说，不但增加了客户对产品的信心，更展现了自己的专业素养。

23. 客户担心你的产品质量问题

普通话术　“我们的质量绝对是最好的。”

利他话术　“市场就这么大，没有不透风的墙，我能骗得了您一天，但骗不了您一辈子。做好服务是为了两点，一是不愧对您对我的信任；二是将来遇到有需要的朋友，您能说一句这个销售人还不错。”

解　　析　这样表达，显得更为真诚，客户也愿意相信。

24. 当客户说："你们的产品太贵了。"

普通话术 "一分价钱一分货，好东西，它自然不便宜。"

利他话术 "我们的价格的确是更高一点，但很多客户明知道我们的价格更高一点，最后还选择了我们，并不是因为他们钱多，而是他们在低价和品质之间做出了选择。"

解　　析 用其他客户购买的真实案例，证明了自己产品"贵有贵的道理"。

25. 顾客："价格能不能再低一点。"

普通话术 "抱歉呢，我们已经是最低价了。"

利他话术 "现在这市场，大家都拼得头破血流的。我能多给您省点，就尽量多省点，毕竟我是想和您长期合作的，对吧？我不会故意给您报高价的。另外，成本也是一个优质产品的重要参数，这点您应该也能明白。"

解　　析 无论客户说什么，都要认可客户，在稳定了客户之后，要引导客户、让客户相信你已经给出了最合理的报价，这样，客户自然愿意下定决心购买。

26. 当客户担心产品使用

普通话术 "您看一下说明书就知道了。"

利他话术 "您别担心，我们的产品设计非常人性化，操作简便，还附带了详细的使用说明书，让您一学就会。"

解　　析 换一种表达，轻松打消了客户对于产品使用的顾虑。

27. 当客户对购买决策感到迷茫

普通话术　“您选择我们的产品绝对错不了。”

利他话术　“我理解您的犹豫，毕竟选择一款合适的产品很重要。不妨这样，您先试用一下我们的产品，觉得好再决定要不要购买，怎么样？”

解　　析　表达共情后再引导客户试用产品，用使用感受更能打动客户。

28. 当客户对售后服务表示担忧

普通话术　“您放心，我们售后绝对没问题。”

利他话术　“我们每周都会有专业师傅上门巡检，您平时有任何小问题，微信发个消息，我两小时内帮您解决，比您自己打电话报修更快。”

解　　析　这样说，既突出了服务优势，也解除了客户的顾虑。

29. 当客户说想去看看其他公司的方案

普通话术　“我们的产品是市场上最好的选择。”

利他话术　“基于您描述的情况，我们的解决方案可能不是唯一选择。如果预算是主要考虑因素，X 品牌可能更适合您；如果长期发展更重要，我们的方案优势会更明显。您更看重哪方面？”

解　　析　这种坦诚反而增强了客户信任，提高了你的专业可信度。

30. 客户沉默思考

普通话术 “您还有什么担心的呢？”

利他话术 “您是不是担心安装麻烦？我们免费安装，师傅明天就能上门，全程不用您动手，装完还会教您怎么用，您完全不用担心。”

解　　析 这样表达，主动解决客户潜在顾虑，进而让客户选择放心购买。

31. 客户嫌功能复杂

普通话术 “不麻烦的，我们有使用说明书。”

利他话术 “这款手机有老年模式，屏幕很大，特别适合老人用，您给父母买回去他们肯定觉得贴心。”

解　　析 这样表达，突出了操作价值。

32. 客户担心效果

普通话术 “效果您不用担心的，一定会让您满意。”

利他话术 “您上次提到孩子写作业坐不住，这款学习桌的可调节高度设计，能帮孩子保持正确坐姿，专注力也会提升。”

解　　析 这样表达，精准戳中了顾客的痛点，顾客自然会打消顾虑选择购买。

33. 客户纠结于选择哪款产品

普通话术 “您慢慢看，看好了告诉我。”

利他话术　“您平时常出差，这款轻便型行李箱万向轮更顺滑，赶高铁时拖行不费力，还能直接上飞机免托运。”

解　　析　这样表达，为客户描述了使用场景，客户听后心中一定有了答案。

34. 客户中意产品，但就是觉得产品价格高，超出预算

普通话术　“抱歉，这是最低价了。”

利他话术　“您已经告知了我您的预算，所以您的想法我能理解，我们可以继续沟通下如何优化配置，在保证控制成本的同时获得最佳效果。”

解　　析　这样表达，用专业话术为客户解决了预算有限的难题。

35. 客户说：“店里的太贵了，网上的便宜多了。”

普通话术　“网上的产品您看不到摸不着，质量不知道，到时候买到假冒伪劣的就麻烦了。”

利他话术　“您说的这家店我不清楚，我也没买过他们的产品，但如果您能选择我们，买到的不仅仅是正品品质，还有完善的售后服务，不管您在使用中出现什么问题，我们都随时在。”

解　　析　不管网络渠道产品如何，我们都不要诋毁，而要强调自身具备的优势，让客户自己做决定。

36. 用数据说话，更有说服力

普通话术　“我们的产品效果很好。”

利他话术 “根据我们最近一年的客户调研，发现他们在使用了我们的产品后，指标均提升了30%。”

解　　析 很明显，第一种说法空洞无力，而数据才是最好的证明。

37. 用现实案例说话，更能引发共鸣

普通话术 “很多人都买了我们的产品。”

利他话术 “之前有位客户和您的情况相似，也遇到了××问题，使用了我们的产品后，成功解决了。”

解　　析 很明显，第一种表达缺乏细节，而运用现实案例，比硬推销更有效，更能说服客户。

38. 当你想要挖掘客户潜在需求时

普通话术 “您需要这个吗？”

利他话术 “您最近在××方面有什么新的计划吗？”

解　　析 这样提开放式问题，能引导客户思考和说出自己的真实需求。

39. 当你为客户报完价以后

普通话术 “这是我们公司的报价，您仔细看下。”

利他话术 “王总，我知道现在无论我报价多少，您都会觉得贵，这是因为您还没有完全了解我们的产品，而我也没有完全了解您的需求，我只能说就目前我对您需求的了解，我给出的这个价格是真实的，没有任何水分。”

解　　析　这样站在客户的角度分析自身的报价，让你的报价看起来更客观。

40. 客户说既然不能便宜，那我就不要了

普通话术　“不要就算了。”

利他话术　“我想卖给您一个好的产品，您的使用感受好的话，还会给我介绍顾客，但是如果我为了哄您开心，给您推荐便宜而不好的产品，那到时候您再找上门，我岂不是得不偿失？”

解　　析　这样说，有情有理，客户也不好再找借口了。

41. 客户讨价还价陷入僵局，并让你去和领导沟通

普通话术　“行吧，您稍等，我看看领导怎么说。”

利他话术　“王总，如果您现在心里已经有了底价，您就直接跟我说，我的底气是，如果同等质量的产品您还能找到更低的价格，那我愿意放弃。”

解　　析　面对这样的情况，销售员不可一味地让步，而应该运用以上的说法，掌握主动权，逼客户一把，客户才会心甘情愿购买。

42. 面对挑剔的顾客

普通话术　“您真的太挑剔了。”

利他话术　“高品质的生活与投入是成正比的，您看，没有哪位成功人士是穿着廉价西装的，物美价廉很多时候也只是我们的

美好愿望，不是吗？”

解　　析　客户挑剔，无非是因为在他们心里，价格与价值不对等，我们从这一点进行说服，打消客户的疑虑就不难了。

43. 当客户抱怨，确实是你的问题

普通话术　“我只负责销售，剩下的与我无关，您要有什么问题，麻烦找售后。”

利他话术　“先生 / 女士，实在不好意思，这次确实是我们的错，您说的问题我们都记下了，我们马上就去查清楚是哪个环节出了岔子，一定给您一个满意的解决方案。您放心，我们肯定会好好改进，以后不会再让您遇到这样的麻烦了。”

解　　析　如果是你的问题，唯有诚恳认错，才能让客户平息怒火，而推卸责任只会火上浇油。

44. 当客户抱怨，不是你的问题时

普通话术　“您先看看说明书再来找我好吗？”

利他话术　“先生 / 女士，我知道您现在很生气，您的心情我特别理解。不过呢，您说的这个情况，是这样的，我们的产品使用是有一定的方法的，您可能是没注意到这一点。您看，这里有个小提示（可以给客户详细说明操作方法或者解释误会的地方），您按照这个来试试，要是还有问题，您随时和我们说，可以吗？

解　　析　这样表达，缓和了客户的情绪，使其愿意配合销售员

解决问题。

45. 当客户无缘无故抱怨时

普通话术　“真不是我们的问题，您别这么生气好吗？”

利他话术　“先生 / 女士，我感觉您现在心情不太好呢。要不您先消消气，等您平静一些了，咱们再聊聊。我们很在意您的感受，如果是我们哪里没做好，一定好好改进，好吗？”

解　　析　销售员要注意客户的感受，缓和客户的情绪，让其静下心来。

46. 当客户表现出不耐烦时

普通话术　“对不起，让您产生不愉快的体验是我的错。”

利他话术　“可能您不喜欢我们的产品，不过没关系，还是感谢您能听我说这么多，不管如何，还是希望能帮到你。”

解　　析　顾客不耐烦，我们不要再推销产品，而要先共情客户，让客户放松下来。

47. 当客户投诉时怎么说

普通话术　“抱歉，这是我们公司的规定。”

利他话术　“非常抱歉，这次购物给您带来了非常不好的体验，我们会优先处理您的问题，并在 24 小时以内给您答复。”

解　　析　无论客户投诉的原因是什么，要解决问题，第一步都要共情客户、缓解客户的情绪。

48. 客户说："衣服显得我有点胖，我不喜欢。"

普通话术 "不胖呀，我觉得还显瘦呢。"

利他话术 "我看您今天穿的是宽松的衣服，估计您平时喜欢这样的风格，而我们这款衣服呢，是稍微紧身点的，所以您刚才试穿才有这种错误的感觉，再说了，您腿长，穿稍微紧身点的显得更匀称，人也更精神呢。"

解　　析 很明显，第一种应对方式销售并没有提供任何有说服力的理由，所以其解释显得非常单薄与苍白。而从客户的穿衣风格角度入手，帮顾客认识到她认为"胖"不过是自己的错觉罢了，再对客户进行夸赞——腿长，客户一高兴可能会选择购买的。

49. 客户说："你们的款式太少了，没什么好看的。"

普通话术 "怎么会少呢，这么多还不够您挑的啊？"

利他话术 "您说的款式少这个问题确实存在，之前也有顾客说过，不过最后他们都选购到了合适的衣服，说真的，服装在款式设计上很容易雷同，但是品质好的其实相应的款式是少一点，因为要花费的成本较高，所以款式不能像某些网店一样多种多样。我为您推荐几款性价比高的产品吧。"

解　　析 当顾客存在这样的疑问时，销售人员首先要给予充分的理解。然后将顾客的思路引导到什么样的产品才能满足其需求上，如此才能化解顾客异议，完成销售。

50. 客户说：“我不要礼品，能不能打折？”

普通话术　“抱歉，礼品是不能折价的。”

利他话术　“礼品不是商品，在我们系统上是没有标价的，因为这是集团公司为了感谢新老客户的支持且单值满足条件才能赠送的，是我们的心意，而且，这么好的产品，即使没有礼品相送，也是物超所值。我们的产品是有全年价保政策，保证全年最低，如果发现同材料同工艺同款式的产品，价格低于我们的，只要您能协助提供票据等证明，我们是可以免费退差价的。买得实惠又有礼品送，很超值了。”

解　　析　销售中，很多销售人员都会遇到这样的顾客，他们会故意用这一招诈销售员，套出更低的价格后，进一步要求既享受更低的价格又要礼品。面对这样的请求，销售人员不但要强调礼品没有标价，更要强调产品的物超所值，这样，在对比之下，顾客便会收回自己的“无理要求”了。

51. 顾客说：“你们这次搞活动的产品质量行不行啊？是不是淘汰产品啊？”

普通话术　“应该没问题。”

利他话术　“我们全场的产品基本都参与活动，除了极少数特价产品，虽然产品款式不同，但是质量是一样的，同一个公司，同一个标准。再说，我们作为大品牌，如果质量不行，那不是砸自己口碑嘛，如果是淘汰产品，卖给您也没用，订单到工厂也没办法生产。”

解　　析　顾客这样说，要么是曾经被骗过，要么是认为搞活动的产品质量一般，我们在处理此类质疑时，从这两点表达，是能打消顾客疑虑的。

52. 价格已经到底线了，客户还在杀价

普通话术　“要是你在哪能更低买到，我跟你买。”

利他话术　“我能理解您的想法，谁的钱都不是大风刮来的，都希望买到最物美价廉的产品，不过买东西不能只看价格，并且，在价格上，我们品牌是没有优势的，您房子是自己住的吧？买家具最关键的就是材料环保、款式好看、质量过硬、方案合理、售后保障，从这几方面看，您选择我们绝对不用担心，相信您也是为了买个安心才选择我们的。”

解　　析　客户这样一直压价，是在试探现在的价格是否为最低价，以确保自己能买到最便宜的，对此，我们要着重强调产品价值与价格对等，这样客户在分析后也就不会再“纠缠”了。

53. 客户说：“你不要讲这么多，最低打多少折？”

普通话术　“这已经是我们给的最低折扣了。”

利他话术　“女士，相信您对我们品牌也有一定的了解，我们的产品、价格、折扣都是固定范围内的。不像一些私人品牌，价格报得很高然后给个五折甚至更多，听起来很划算，实际他们的利润空间很大，而且售后服务也可能没有保障，您说

是吧？”

解　　析　客户跟你讨价还价，这是一件好事。证明他有意向购买，这时我们要更加有耐心、更加冷静地跟客户分析产品和设计方案，让客户对我们产品、服务肯定和放心，这样客户是会选择购买的。

54. 客户说：“等你们做活动了，我再来。”

普通话术　“行吧，您到时候记得找我。”

利他话术　“先生，您也知道，我们做活动主要是为了增加流量、吸引人流，所以会有一些普通产品进行降价促销，但是您看的这款产品，是今年最热销的款，过几天不仅不会降价，还会涨价，不如早买早享受，而且现在买还会赠送礼品。”

解　　析　这样说，打消了客户对未来降价的不确定性，让客户认为“现在买也合适”。

55. 如何询问客户的支付方式

普通话术　“请问您现在支付吗？”

利他话术　“请问您是刷卡方便呢，还是微信或支付宝更方便呢？”

解　　析　这样问，能引导客户立即行动。

56. 当你想让劝说客户完成签单时

普通话术：　“您好，我们签合同吧。”

利他话术：　“合同中的重要部分我已经标注，您先仔细看看，有任何问题，我们一起修改。”

解　析　这样表达，是对客户的一种心理暗示——签单，如果客户接过了合同，就意味着成交开始了。

57. 收到客户转账后

普通话术　“收到。”

利他话术　“感谢张总，款已收到，我知道对您来说合作已经完成，但对我来说合作才刚刚开始，希望在未来的服务中，能让您觉得今天的选择没有错！并且持续为您提供价值。”

解　析　这样表达，展现了你的专业素养，能让客户看到你的责任心，也会乐意成为你的忠实客户。

58. 客户购买后表达感谢

普通话术　“不客气。”

利他话术　“为了重点关注您的使用情况，还得多跟您发消息呢，到时不要嫌我烦就行了呀！产品好用的话，记得推荐给您身边的朋友，我会像服务您一样给他们服务的。”

解　析　客户感激你的服务，表明认可你，此时趁热打铁让客户帮忙介绍其他客户，一般不会被拒绝。

第07章

CHAPTER 7

探秘幸福，利他式语言让平凡生活更有趣

日常生活中，无论是购物、日常通勤还是与朋友聚会，都免不了与人交流，高情商的人往往懂得利他式表达。利他表达不是讨好，是用“我懂你需求”的思维，把沟通变成价值交换，你会发现，原来在让人身心感到舒服的同时，自己也是受益者！

1. 快递找不到时

普通话术　“你们是不是把我快递弄丢了，弄丢了你们是要赔偿的。”

利他话术　“你看这大夏天的，你们工作也辛苦，丢了件还得赔多不容易。我地址一直没变过，而且物流显示已经到了，麻烦您再帮忙找找，谢谢。”

解　　析　这样表达，先共情了快递员的辛苦，再指出丢件对他的损失，这样，快递员自然会愿意再花时间为你找。

2. 当你买东西想还价时

普通话术　“老板，便宜点呗，你看你这苹果都不新鲜了，不值这个价。”

利他话术　“老板，我就住这小区，你要能再便宜点的话，我经常带朋友来买。”

解　　析　从老板能获得的利益角度说话，强调优惠的潜在客源价值，老板怎么会拒绝呢？

3. 当你买东西希望老板帮你挑到最好的时

普通话术　“老板您瓜甜吗？你给我来个又大又甜的。”

利他话术　“上次我在您这买一个瓜，回去之后家里人都说好吃，要不说还是您挑得准，今天麻烦您再给我挑一个，我要送给我阿姨，让她也试试。”

解　　析　利他表达中，我们肯定对方的挑选能力，并提出再次购买的需求，让对方感受到我们的信任。

4. 当你点外卖备注需求时

普通话术　“不要冰，发现一块就给你差评。”

利他话术　“不要加冰，谢谢老板，收到给好评。”

解　　析　用威胁的方式强调自己的需求，可能会引发对方的抵触，而运用利他式话术，能激励客户配合你。

5. 当外卖不送上楼时

普通话术　“为什么不送上楼？你超时和我有什么关系？小心我投诉你！”

利他话术　“帅哥我这会确实走不开，我这儿有电梯，要不还是麻烦您帮我跑一趟，直接放门口就行，我一会儿给您打五星好评，谢谢啦。”

解　　析　这样表达，不仅明确了回报，也表达了感谢，一般外卖员都会同意的。

6. 当朋友说：“我好像又长胖了。”

普通话术　“减肥呗。”

利他话术　“这是幸福在你身上堆积起来啦。”

解　　析　这样表达，一定能让对方感到开心。

7. 当别人夸你性格好时

普通话术 “谢谢。”

利他话术 “那也要看是对谁，你对我那么好，我当然要温柔啊，别人可想都别想。”

解　　析 这样俏皮地表达，不但认可了对方，更拉近了彼此的心理距离，表达了对对方付出的认可。

8. 当别人问你为什么这么能吃辣时

普通话术 “我也不知道啊。”

利他话术 “可能我的心里住着一个四川人。”

解　　析 这样接话，不但展现了你的幽默，也愉悦了对方。

9. 当别人说你有点矮时

普通话术 “关你啥事。”

利他话术 “没办法，都是被颜值给压的。”

解　　析 这样接话，展现了自己的大方和自信。

10. 当别人骂你有病时

普通话术 “你才有病！”

利他话术 “还不是被你传染的。”

解　　析 一句玩笑话，就轻松化解了对方的辱骂。

11. 当有人夸你太有才了

普通话术 “谢谢夸奖。”

利他话术 “谢谢你的夸奖，比起这个，我更欣赏你的眼光。”

解　　析 这样接话，明显比直接传达谢意更有趣。

12. 当别人说感谢你的帮忙

普通话术 “不客气。”

利他话术 “见外了，以后还有我需要麻烦你的地方呢。”

解　　析 这样表达，将对方的口头感谢变成了承诺，为以后让别人帮忙进行铺垫。

13. 当朋友说他最近运气不大好时

普通话术 “别担心，一切都会过去的。”

利他话术 “别担心，好运气正在和你玩捉迷藏，很快就会出现的。”

解　　析 这样说，巧妙地安慰了对方，让朋友感到你很贴心。

14. 当别人说夏天喜欢招蚊子咬

普通话术 “我也是啊，都烦死了。”

利他话术 “那你很受欢迎啊，连蚊子都更喜欢你。”

解　　析 本来是一件烦心事，通过利他话术，瞬间能让别人喜笑颜开。

15. 当别人说：“我不太会聊天。”

普通话术　“多聊聊就好了。”

利他话术　“不是不会聊，只是没碰到对的人，你看，我们聊得多好。”

解　　析　这样回话，不仅趣味十足，还缓解了对方的尴尬。

16. 别人夸你衣服真漂亮

普通话术　“过奖了。”

利他话术　“因为今天要见你嘛，所以要穿好看一点。”

解　　析　一句话，凸显了对方的重要性，让对方觉得你情商高。

17. 别人对你说：“你脑子被驴踢了吧。”

普通话术　“你才脑子被驴踢了呢。”

利他话术　“那你踢的时候，怎么不知道要轻点。”

解　　析　这样说，不仅展现了自己的幽默，更巧妙地回击了对方。

18. 当和朋友约会，朋友迟到了

普通话术　“你怎么又迟到了？”

利他话术　“我知道你可能有事耽搁了，我等的时候有点焦躁，下次我们能不能早点约或者多留点缓冲时间呀？”

解　　析　这样说，既表达了理解，又说明了自己的感受，更给出了建议，对方自然会接受。

19. 当你向朋友说最近疏于联系

普通话术 “你最近都不找我了。”

利他话术 “我们以前经常聊天，现在少了我会有点想念，不知道你有没有一样的感觉。”

解　　析 这样说，委婉暗示了对方。

20. 当你想指出朋友的错误

普通话术 “你这样做不对。”

利他话术 “我理解你是为自己好，我也想跟你说说我看到的一些可能的风险，不知道你想不想听听？”

解　　析 从对方可能会遭遇到的风险这一角度说，对方自然会听得进去你的意见。

21. 当你希望朋友能协助你

普通话术 “你能不能帮我一下？”

利他话术 “我知道你也有很多事在忙，如果你方便的话，能不能帮我看看这个？真的会很感激。”

解　　析 这样说，有情有义，对方一般不会拒绝。

22. 当你向朋友抱怨时

普通话术 “你根本没考虑我的感受。”

利他话术 “那天你说的那句话我当时有点难受，我知道你可能不是故意的，但我还是想告诉你我的感受。”

解　　析　这样坦诚自己的感受，会让对方认识到自己的问题，进而愿意做出改变。

23. 当朋友约你，你并不想出门时

普通话术　“我今天不想出门。”

利他话术　“今天天气这么好，太适合出去玩了，但是我感冒还没好，我怕传染给大家，等我好了，第一时间组局！”

解　　析　这样说，认可了对方的邀约，又说明了自己原因，并主动发起了未来邀请。

24. 一次同学聚会上，许久未见的同学夸你：“多年没见，你怎么变得那么漂亮啦，我都快认不出你了。”

普通话术　“是吗，谢谢赞美。”

利他话术　“哟，那么多年没见，你还是那么幽默会说话。”

解　　析　这里，对于同学赞美的客套话，以赞美馈赠对方，能愉悦对方的心情。

25. 当有人问你：“请问地铁站怎么走？”

普通话术　“直走左转。”

利他话术　“直走第三个路口左转，现在路口在修围栏，记得走右侧人行道，入口在一家便利店旁边。”

解　　析　这样表达，在本来要传达的基础信息里叠加了“环境变量”，能展现出你的热情与真诚。

26. 打车过程中发现司机绕路

普通话术 “你是不是在故意绕路，别以为我不认识路。”

利他话术 “师傅，我发现导航走的路线与我平时走的路线不同，我需要尽快赶到，您能否选择一条更近的路线呢，这样也能为您节约一点时间。”

解　　析 很明显，第一种说法很容易引起争执。而利他话术，一开始并没有指责对方，而是客气地表达了自己的需求和顾虑，能让司机感到你是个礼貌的人，从而愿意调整路线，避免不必要的冲突。

27. 火车上，你端着泡好的泡面，穿过拥挤的人群回到自己的座位上

普通话术 “麻烦大家让让。”

利他话术 “小心被烫到，大家注意一些。”

解　　析 同样希望他人给你让路，换一种说法，更能达到你的目的。

28. 你走进一家并不熟悉的餐厅，你希望服务员为你推荐好吃的实惠菜品

普通话术 “你们饭店有什么好吃的？”

利他话术 “你对菜品这么了解，推荐的肯定错不了。”

解　　析 这样说，能调动对方的专业表现欲，进而乐意为你推荐。

29. 当你和家人在餐厅吃饭，毛血旺半天没上，你不想要了时

普通话术　“服务员，我们这桌的毛血旺做了没，要是没做，我们就不要了。”

利他话术　“服务员，我们这桌的毛血旺做了没，要是没做的话，帮我们换成地锅鸡吧。”

解　　析　很明显，第一种话术中，服务员肯定会回答：“正做着呢。”而第二种话术，服务员一定会回答：“还没做呢，我帮您换。”为什么呢？因为有哪家餐厅会愿意少卖出去一道菜呢？而此时，你可以说：“都不用了，我们着急走，毛血旺也退了吧。”你看，轻轻松松一句话，你的退菜目的达到了。

30. 你去某大厅办理 ×× 手续，你希望工作人员能认真对待你的问题

普通话术　“麻烦尽快帮我办好可以吗？”

利他话术　“太感谢你了，我就说你们这行的人都特别有责任心。”

解　　析　这样说，对方一定会对你的问题更负责！

第08章
CHAPTER 8
恋爱必学，利他式表达让爱情更甜蜜

恋爱里，最容易出问题的一件事是：你明明是想要对方更爱你，但你说出来的每句话，反而把他越推越远。以为你在表达爱、在表达需求，但其实你在他那里，成了情绪勒索、挑剔、压迫。实际上，感情里，“表达得对”比“表达得多”更重要，这就是“利他式表达”。利他式表达不是讨好，不是压抑自己，也不是牺牲，而是在表达自己的感受和需要，考虑对方的接受方式、情绪反应和沟通节奏。简单说就是：我依然表达我自己，但我换一个你更愿意听、更能理解的方式。那么，恋爱中的利他话术有哪些呢？在接下来这一章中，我们来分析这一问题。

1. 当对方不回信息时

普通话术　“在干吗，为什么不回我消息？”

利他话术　“我是失宠了吗，还是你另有新欢了？”

解　　析　这样问，不仅温馨提示了对方，还展现了你的高情商。

2. 当你不喜欢的异性问你：你是对我有想法吗？

普通话术　“没有。”

利他话术　“想你请我吃饭。”

解　　析　这样回答，不仅幽默地拒绝了对方，还不至于得罪人。

3. 当你想知道对方的动态时

普通话术　“在干吗？”

利他话术　“好久没理我了，麻烦你把手头的事情放一放，来敷衍我一下嘛。”

解　　析　这样问询，显得俏皮可爱，对方怎么会忍心不理你呢？

4. 当对方问你：想我没有？

普通话术　“有（没有）。”

利他话术　“不敢想，想你也见不到。”

解　　析　这一回复，能使处于暧昧期的男女顺利进入恋爱关系。

5. 想让另一半陪自己

普通话术　“你怎么回事啊？一下班不是去见朋友就是打游戏，你就不能陪陪我吗？”

利他话术　“年底是不是特别忙啊？要注意休息，不要太辛苦了。不如我们周末一起去放松下吧，新上的电影刚好是你喜欢的类型。”

解　　析　利他表达中，我们关心对方的工作和生活，提出共同的放松计划，让对方感受到我们的关心和支持。

6. 当对方忘记准备纪念日礼物时

普通话术　“你连纪念日礼物都忘记准备了，我觉得你不爱我了。”

利他话术　“亲爱的，最近是不是太忙了，都忘了今天是我们的纪念日，不过没关系，你肯定是因为最近的工作太忙了，等不忙了咱们再补过就好。”

解　　析　与其责备，不如温馨提醒，对方会感受到你的贴心。

7. 你想让他继续为你做饭

普通话术　“你能再做一次肉末茄子吗？”

利他话术　“你上次做的肉末茄子真的太好吃了，我吃完后一直念念不忘，什么时候再给我做一次吧，我就爱吃你做的菜。”

解　　析　赞美对方的手艺，会比直接让对方为你做饭效果好得多。

8. 你希望对方向你报备行程

普通话术　“你能不能以后去哪里都告诉我一下？”

利他话术　“你以后出去记得跟我说一下，也及时发信息给我好不好？因为你半天不回我的话，我会很担心你，怕你有什么事。”

解　　析　这样温馨提醒，对方不但会答应你，还会认为你是个贴心的伴侣。

9. 你希望男友能接你上下班

普通话术　“如果你能每天来接我上下班就好了。”

利他话术　“你上次来接我被我同事看见了，他夸你长得帅，还贴心。今天小周同学想不想让我同事再夸一夸，那我六点十分在楼下等你哦。”

解　　析　借他人之口夸赞，往往更受用，对方也会乐意满足你的需求。

10. 当你希望对方主动拒绝异性

普通话术　“你能不能以后和其他女孩子保持点距离？”

利他话术　“我相信我男朋友肯定有分寸感，会在意我的感受，会跟异性保持距离的。你说是不是，不然的话咱俩肯定走不到最后。”

解　　析　这样暗示他，不仅抬高了对方自制力，更暗示了对方你很看重这段关系，如果对方也足够重视，一定会有所触动。

11. 希望对方更有仪式感

普通话术 “你能不能别这么无趣，别人都过情人节，你什么表示都没有。”

利他话术 “情人节快到了，我们互相准备礼物吧。我已经在用心为你挑选了，希望我们的每个节日和纪念日都能充满仪式感。”

解　　析 这样的表达既明确又直接，能够有效地传达你的期望和需求。

12. 想让对方陪你外出吃饭

普通话术 “晚上出去吃饭吧，在家都吃腻了。”

利他话术 “宝贝，咱们今天出去吃饭吧！陪你去吃你爱吃的那家酸菜鱼，你都好久没吃啦，该犒劳一下自己了。”

解　　析 将“自己想吃”换成“犒劳对方”，效果完全不同。

13. 想让对方学习做饭

普通话术 “每天就知道点外卖，又浪费又不健康，自己做点饭不行吗？”

利他话术 “总吃外卖还是对身体不太好哟。我提议咱俩可以学点简单的家常菜，平时自己在家做着吃。主要是想陪你一起逛超市买菜，研究做饭，增进下感情。”

解　　析 这样表达，将学习做饭和增进感情联系到一起，对方怎么会拒绝呢？

14. 想让对方不冷战多沟通

普通话术　“以后吵架你能不能别总是沉默？”

利他话术　“我希望以后发生矛盾，我们能好好沟通，坚决不要冷战。因为冷战很消耗感情。有什么问题和分歧，我们就等冷静下来后，讲清楚就好了。”

解　　析　这样表达，能融化对方的心房，还怎么忍心和你冷战呢？

15. 如何表达你对对方的喜欢

普通话术　“我喜欢你。”

利他话术　“我喜欢你，不是因为你喜欢我，而是因为你就在那里，你能喜欢我是最好的。”

解　　析　告诉对方你的感受，会让对方有被重视的感觉，对你的爱意也会增加一分。

16. 当你希望对方陪你去尝试一下某家新开的餐厅

普通话术　“我想去 ×× 街新开的那家餐厅吃饭，我想吃他家的酸菜鱼。”

利他话术　“×× 街新开了一家餐厅，据说有几道菜做得特别好吃，有你喜欢的糖醋里脊，我们晚上一起去尝尝吧。”

解　　析　同样是去这家餐厅吃饭，将“我喜欢的”变成“你喜欢的”，马上就呈现出了不一样的效果。

17. 当你们吵架以后

普通话术 “你根本不在乎我！”“你到底要我怎样才满意？”“算了，我说了你也不会懂。”

利他话术 “我需要你多靠近我一点。”“我在意你，所以才会情绪这么大。”“我想要我们好好的。”

解 析 很多时候，我们不是想吵架，只是不会好好表达，学会利他式表达，能避免让自己和对方都受伤。

18. 当你表达不满时

普通话术 “你总是这么自私，从不考虑我的感受。”

利他话术 “我感觉有些失落，我很在意我们的关系，想和你一起找到更舒服的相处模式。”

解 析 这样表达，将不满以期望的形式表达出来，很难不让对方动容。

19. 当你需要对方时

普通话术 “你为什么不能陪陪我？”

利他话术 “我最近有点累，你的陪伴对我很重要，不知道你这几天有没有可能留点时间给我们？”

解 析 让对方接受正向的反馈，对方才愿意去积极行动，希望对方多陪你，就不要用责怪的语气，而要明确表达自己的需求。

20. 如何表达脆弱

普通话术　“你根本不懂我。”

利他话术　“我有点害怕被误解，其实我很想让你真正了解我的想法和感受。”

解　　析　袒露自己的内心，比表达不满更能激发对方的保护欲。

21. 当对方表现不好时

普通话术　“这么点小事都做不好，你怎么就不能像别人男朋友 / 女朋友那样？”

利他话术　“我知道你已经尽力了，我们要不要看看有没有其他更轻松的解决方式？”

解　　析　永远不要放大一个小的错误，更不要攻击对方，而应该表达你的理解，引导对方做出更好的表现。

22. 当你向对方表达感谢时

普通话术　“谢谢你帮我做这件事。”

利他话术　“你为我做这件事我很感动，我感到你很在乎我，这对我很重要。”

解　　析　同样是表达感谢，很明显，第二种说法更能传达出你对对方的感激之情。

23. 当你主动道歉时

普通话术　“好吧，是我错了。”

利他话术　“我意识到自己的行为可能让你很难过，对不起，我愿意为这件事负责。”

解　　析　第一种道歉方法很敷衍，而第二种表达听起来则更为诚恳。

24. 当你想让对方多迁就你

普通表达　“你为什么这么没情调？”

利他话术　“你每次愿意迁就我的时候都像韩剧中的大财阀一样。”

解　　析　这样表达给对方立了成功人设，下次对方一定还会迁就你。

25. 想表达委屈时

普通话术　“你从来不理解我。”

利他话术　“我知道你最近也很累，但我真的希望有时候你能抱抱我。”

解　　析　这一句话你还是在说你的需求，但你不是指责他“没做”，而是传达了：“我想被理解，但我也理解你。”

26. 当你生气时

普通话术　“我真服了你了！”

利他话术　“我现在有点情绪，我们可以心平气和地聊一下吗？我不是想吵架，我是想让你知道我怎么想的。”

解　　析　很明显，第一种那“全盘否定式的暴击”，只会让人想逃。而第二种表达，对方更容易“听进去”你接下来的所有表达。

27. 当对方在工作上发生不愉快时

普通话术　“工作做得不愉快，就辞职呗！”

利他话术　“没事的，这个项目本来就很难，你已经做得很好了，我相信你的能力和判断，这次我们就当作积累经验，下次一定会比这次好。”

解　　析　这样说，不仅表达了你的同理心，更鼓励了对方，让对方获得了战胜困难的勇气。

28. 当对方在某件事获得成就时

普通话术　“真棒，宝贝！”

利他话术　“我的宝贝也太优秀了吧！我就知道你这一两个月的努力不会白费，就咱这个聪明脑袋，妥妥的！走！我今天请你吃饭，必须犒劳一下你。”

解　　析　这样一番夸赞下来，情绪价值拉满，会让对方更爱你。

29. 当对方遭遇挫折时

普通话术　“这只能怪你自己没本事。”

利他话术　“没关系的宝贝，你已经很棒了。”

“不管你做什么决定，我都会支持你。”

“因为我相信你啊，我知道你一定会做得很好。”

“因为我知道你是什么样的，我当然不会跟别人一样去质疑你。”

“别担心，总会有办法解决的，我们一起面对。”

"你又不是一个人，我会一直陪着你的。"

解　　析　这些表达，都表现了你对对方的理解、信任和支持，不但能鼓舞对方，更能拉近彼此之间的心理距离。

30. 当对方来接你

普通话术　"谢谢宝贝来接我。"

利他话术　"有人一起下班真的好幸福，你知道吗，今天我同事还夸你了，说你好体贴，每天都来接我上下班。"

解　　析　借他人之口大方赞赏对方，真的更加分。

31. 当对方做家务 / 做饭

普通话术　"真能干啊。"

利他话术　"到底是谁家的宝贝这么能干啊，每天饭做得这么好，家务活也干得很漂亮，我简直太幸福啦。"

解　　析　这样给对方戴高帽子，对方一定会有更好的表现。

32. 当你送了礼物

普通话术　"怎么样，喜欢吗？"

利他话术　"最近辛苦啦，为了奖励我宝贝最近拿下的大项目，我给你买了一份小礼物，快看看！"

解　　析　当你送了礼物，不要一句话带过，一定要邀功！恰到好处的邀功，会让对方记得你的付出，让礼物发挥意义。

33. 当你为对方做了饭

普通话术　“快尝尝，味道怎么样！”

利他话术　“你看，我做的饭不错吧！色香味俱全，谁家的男朋友 / 女朋友这么有口福呀？”

解　　析　这样表达，轻松又诙谐，对方在吃到美食的同时，也会更爱你。

34. 当你希望对方来找你时

普通话术　“明天你能来找我吗？”

利他话术　“宝宝，如果你明天能早点来接我的话，我们就可以多待一会儿了。”

解　　析　这样表达，情绪价值拉满，对方自然会同意你的要求。

35. 当约会即将结束时

普通话术　“明天见。”

利他话术　“今天时间过得好快，我今天很开心，唯一不开心就是我们现在要回家了。”

解　　析　这样说，表达出自己的依依不舍，对方一定会心花怒放。

36. 玩游戏时

普通话术　“你真棒。”

利他话术　“好棒啊，你怎么想到的，我这脑瓜子居然都想不到可以这样。”

解　　析　这样拍拍对方的马屁，会让对方很受用。

37. 做户外运动时

普通话术　“你体能挺好啊。”

利他话术　“哇，没想到你运动天赋这么高，今天的你很不一样。”

解　　析　没有谁能拒绝这样的赞美。

38. 当聊到“你觉得我怎么样”时

普通话术　“还不错啊。”

利他话术　“说真的，我感觉你跟我之前认识的人不太一样，跟你在一起蛮开心的。”

解　　析　这样表达，体现出了对方在你心中与众不同的位置，会让对方喜不自胜。

第09章
CHAPTER 9
居家秘籍，如何
表达让家庭生活
充满欢声笑语

在家庭生活中，无论是夫妻之间，还是亲子之间，都避免不了要沟通。很多人以为，家是放松的地方，家庭沟通也可以随心所欲，其实不然，哪怕最亲密的关系，如果说话时不顾对方感受，也会引发家庭大战。相反，如果我们能学会利他表达，运用对方喜欢的方式沟通，不但愉悦了对方，更能达成自己的沟通目的。

1. 当你说了两遍，对方没回应时

普通话术　“你耳朵是聋了吗？”

利他话术　“（走过去，在他耳边轻轻地说）这位大帅哥 / 大美女在忙什么呢？”

解　　析　如此赞美对方，其实是一种温馨提示，对方怎么会不知道呢？

2. 当对方说“我升职加薪了”时

普通话术　“瞧把你高兴的，有什么了不起的。”

利他话术　“哇，太棒了，你看你平时这么努力，大家都看在眼里，今天我们出去庆祝一下吧！”

解　　析　当爱人获得成就时，肯定对方的努力比一句干巴巴的“恭喜”更能打动对方。

3. 当对方说“我今天好累”时

普通话术　“就你累，我不累吗？”

利他话术　“心疼你，来，抱抱，给你补充点‘能量’！”

解　　析　当对方累的时候，需要给予对方安慰和鼓励。

4. 让对方下班顺便去菜市场买点菜怎么说

普通话术 “冰箱空了，回来买点菜，我今天懒得动了。”

利他话术 “下班后记得顺路在菜市场买点你爱吃的菜回来，今天我下厨，给你做好吃的。”

解　　析 同样是让对方买菜，将“我懒得动了”换成“买点你爱吃的菜”，效果马上就不一样了。

5. 当你想出去吃或者不想做饭

普通话术 “天天都我做饭累死我了，今天我不想煮，你煮吧，不煮就点外卖吧。”

利他话术 “最近天气好热我看你都没什么胃口，要不今晚我们出去吃吧，吃你平时最爱的那家餐馆，怎么样？”

解　　析 换一种表达，抱怨立马变成了表达爱意，但其实是你自己想出去吃或者不想做饭，但你不说出去谁知道呢！

6. 当你希望对方饭后陪你散步

普通话术 “××天天饭后陪老婆散步聊天，就你那么懒，吃饱就躺着，顾着自己玩手机，老婆又不陪！”

利他话术 “我看你最近饭后总是躺着，消化不好呀，到时候有小肚子了就不好看了，要不饭后我陪你去楼下公园散散步吧，上班坐一天了就当是运动了，对身体也好。”

解　　析 表面上说是为了对方的健康着想，从利他的角度出发，但你实际上是想得到陪伴的。

7. 当对方说“你什么都不懂”时

普通话术　“就你懂？”

利他话术　“是的，我确实不懂，所以需要你和我多说一些，也许我就理解了。”

解　　析　“你什么都不懂”这句话一般是人们在觉得疲惫时说的话，此时顺着对方的意思说，能化解其心中的负面情绪，还会让对方觉得你很贴心。

8. 当丈夫说：“今晚需要去见客户，我晚点回来。”

普通话术　“天天应酬，也没见你赚多少钱。”

利他话术　“大概什么时候到家，我给你准备好醒酒茶。”

解　　析　换一种表达，让对方觉得你很贴心。

9. 你的父母晚上要来吃饭

普通话术　“晚上爸爸妈妈要过来，你下班了早点回家做饭。”

利他话术　“你知道吗，妈妈上次告诉我 ，你做的那个鱼太好吃了，爸爸喜欢得不行，回家一直夸你，你今天再做一次好不好？”

解　　析　抬高对方的厨艺，让对方心甘情愿再次下厨，才是高明的表达。

10. 对方今天有饭局但却没告诉你

普通话术　“你今天有饭局都不告诉我，早知道不煮你的饭了！”

利他话术　“我今天做了你最爱吃的酸菜鱼，我和酸菜鱼都在等你回家哦。”

解　　析　与其责备，不如换一种有趣的说法，反而能起到提醒对方下次注意的作用。

11. 当你希望对方周末能陪自己消遣时

普通话术　“这周末你又要出差吗？不是说好这周末陪我逛街的吗？你又要说话不算数吗？”

利他话术　“你这周末工作有安排吗？上次说一起去新开的那家餐厅的，你会陪我的吧。”

解　　析　直接提出你的诉求，比质问和责怪更能让对方接受。

12. 当你希望对方能更积极上进时

普通话术　“你看你的同学都开上宝马了，就你还骑个破电动车，你能不能上进点？”

利他话术　“亲爱的你看，之前那个能力比你差的同学都能买宝马，你那么厉害，肯定也能安排上，加油哟。”

解　　析　同样是希望对方积极上进，第一种表达贬低了对方，而第二种则是恭维对方，一定能激发出对方的胜负欲，进而努力赚钱。

13. 当对方觉得自己的父母不喜欢他时

普通话术　“哪有，我妈可喜欢你了。”

利他话术　“怎么会？她不是不喜欢你，只是比较内敛，不善于表达情感。你瞧她对我不也是一样的嘛。”

解　　析　这样细致地表达，对方在听后，定能深信不疑。

14. 当对方抱怨你变了时

普通话术　“又怎么了？”

利他话术　“你说的没错，以前谈恋爱的时候，我只看得到当下的幸福。现在结婚了，我更想为咱俩创造一个美好的未来。可能最近忙于奔波，忽视了你的感受，对不起呀。”

解　　析　第一种回话方式显得很敷衍和不耐烦，而第二种表达则轻松化解了对方的抱怨，还展现了自己的责任感。

15. 当对方责怪你没有接电话时

普通话术　“我在忙啊，没时间回。”

利他话术　“对不起，让你担心了。我这就告诉手机，让它下次大声提醒我。”

解　　析　这样表达，幽默风趣，妻子哪怕原本有怨气，现在也没有了。

16. 当对方过生日前提醒你时

普通话术　“我记着呢。”

利他话术　“哎呀，你怎么自己说出来了，我本来还想给你一个惊喜呢。”

解　　析　这样说，能让对方喜出望外。

17. 当对方问“我穿哪件衣服好看”时

普通话术 “你穿哪件都好看。”

利他话术 “我今天刚好穿的是黄色，要不选这件吧，我们穿情侣装。”

解　　析 这样表达，暗示了你想拉近距离，对方自然会采纳你的建议。

18. 当对方说她感冒难受时

普通话术 “多喝热水，多休息。”

利他话术 “看你的小鼻子都擦红了，看着实在让人心疼。”

解　　析 语言上的关心也要落到实处，才能展现你的真情实意。

19. 当对方向你抱怨工作时

普通话术 “咱不干了！”

利他话术 “你要是受了委屈，可以跟我讲讲，要不然怎么为你排忧解难呢？“

解　　析 当对方抱怨工作时，最希望的是另一半能听听自己的抱怨，而不是直白地说“咱不干了。”很明显，第二种表达更贴合对方当下的心理需求。

20. 当对方说你太自私时

普通话术 “你才自私呢！”

利他话术 “亲爱的，我不知道我在哪个方面没顾及你的感受，你可以和我说。”

解　析　以这样的方式问询，展现了你对对方情绪的重视，也体现了你希望改变的态度。

21. 当对方和你冷战时

普通话术　“你有本事一辈子都别和我说话！”

利他话术　“（阿嚏）我好像感冒了，估计是你态度太冷，冻到我了。”

“麻烦你帮我拿个‘台阶’过来吧，我想要下去！”

解　析　运用以上两种利他式表达，都能幽默地打破冷战。

22. 当对方埋怨你不重视他的家人时

普通话术　“哪有啊，我这还不重视吗？”

利他话术　“我嘴巴比较笨，所以我更喜欢用行动来表示。”

“是不是我在哪里疏忽了他们，你直接和我说，我下次注意。”

解　析　后一种说法尽显真诚，对方还怎么会继续怪罪呢？

23. 当对方和你翻旧账时

普通话术　“你又来了！”

利他话术　“我知道你现在很生气，这段时间我没有照顾好你的感受，我感到很抱歉。但是，这样翻旧账会让我感到很难受，下次遇到类似的问题，你可以心平气和地告诉我吗？我们一起商量怎么解决，好吗？”

解　析　这样说，表达了对对方情绪的体谅以及自己的需求，态度诚恳，能巧妙化解怨气。

24. 当对方说好难过时

普通话术 “别难过了。”

利他话术 “你这样我会很心疼的，发生什么事了，快和我说说。”

解　　析 这样说，展现了你作为伴侣的贴心，也拉近了夫妻之间的心理距离。

25. 当对方总挑你毛病时

普通话术 “你怎么这么多事！”

利他话术 “我知道你是一个对自己和他人都要求很高的人，你也是为我好，但一直被挑剔，我心里会很难过的。”

解　　析 这样说，不但表达了对妻子“挑剔”的理解，更表明了自己的态度，有助于让妻子也做出改变。

26. 孩子不想写作业时

普通话术 “你是个学生，不写作业怎么行，赶紧去！”

利他话术 “我知道数学题有点难，但写完我们可以一起玩你最爱的拼图，我还准备了小奖励！”

解　　析 与其告诫孩子要写作业，不如告诉他写完作业后会得到什么“奖励”，这样能激励他挑战困难。

27. 当孩子说今天班上发生了一件有意思的事

普通话术　“你又在胡说八道什么？怎么不把精力放到学习上？”

利他话术　“哦？真的吗？快来跟妈妈说说到底什么事。”

解　　析　我们不要只关心孩子的学习问题，更要明白，孩子也有倾诉的欲望，我们愿意听，孩子才愿意说。

28. 孩子一道题做很久

普通话术　“你是乌龟变的吗？做什么事情都磨唧得不行，难怪你学习成绩那么差！”

利他话术　“妈妈发现你写作业时经常分心，所以写作业很慢，现在妈妈给你一个计时器。计时器设置在 15 分钟，放到你的书桌上方。妈妈设计了一个积分奖励，如果你能专注 15 分钟，会得 10 分，积分到 300 分的时候，你可以换一个礼物。”

解　　析　让孩子认真做作业，与其打骂孩子，不如让孩子看到专注后得到的“利益”。

29. 下班回家发现孩子没做作业而是在玩

普通话术　“我天天为了你早出晚归，你现在这样对得起我掏心掏肺的付出吗？”

利他话术　“宝贝，上学一天很累吧，好好休息一下，不过玩一会儿就要写作业哟。”

解　　析　从孩子的角度，体谅孩子，孩子才能感受到被关心。

30. 孩子说不想去学校

普通话术 “你是不想上学吗？你开什么玩笑，信不信我揍你！”

利他话术 “最近学习上是不是遇到什么困难了，在学校是不是遇到什么不愉快的事了？不然你不会不想去学校，因为你一直是个爱学习、积极向上的好学生，如果你相信爸爸妈妈，可以告诉我们，我们一起面对好吗？”

解　　析 孩子不想去学校，我们不要批评孩子，而要从孩子的角度出发，引导孩子说出原因。

31. 当第二天要考试，孩子紧张时

普通话术 “你现在紧张有什么用，早干嘛去了？”

利他话术 “如果是我，我肯定也会紧张，不过这是因为我们太在意结果了，越是在意，越会紧张，所以无论你考多少分，我们都不会责备你，因为你这段时间确实已经很努力了，用平常心去考试吧，我们相信你。”

解　　析 用自己的感受劝导孩子，比讲大道理效果好多了。

32. 当孩子伤心难过哭泣时

普通话术 “有什么好难过的，都会过去的。”

利他话术 “亲爱的宝贝，知道你现在很难过，你可以大声哭出来，没事的，哭出来就好了。”

解　　析 这样表达，既共情了孩子，也拉近了亲子间的距离。

参考文献

[1] 端木自在 . 所谓情商高，就是会说话 [M]. 南昌：江西美术出版社，2017.

[2] 李安 . 这样说话最受欢迎 [M]. 北京：中国城市出版社，2010.

[3] 成正心 . 活学活用沟通心理学 [M]. 北京：电子工业出版社，2017.

[4] 汇智书源 . 高情商沟通学 [M]. 北京：中国铁道出版社，2017.